KB230692

《백투예루살렘》 찬사의 글

스티브 리처드슨 미국 파이오니아선교회 회장

《백투예루살렘》은 중국 교회의 성장과 선교 비전에 대한 놀라운 이야기이다. 두려움을 모른 채 생명을 바치는, 점점 늘어가는 중국 선교사들이 보여 주는 잠재력의 영향을 상상해 보라. 그 의미는 엄청난 것이다!

토니 램버트 2003년 12월/2004년 1월, 〈Global Chinese Ministries Newsletter〉에서

이렇게 중요한 선교운동을 심도 있게 증언하는 영어로 된 책은 현재로서는 이 책밖에 없다. …… 이 책에는 '백투예루살렘'에 대해 반드시 알아야 할 가슴을 울리는 내용이 담겨 있다.

더그 릭스 목사

《백투예루살렘》을 출판해 준 것을 진심으로 감사드린다! 잠들어 있는 서구 교회를 향한 이 얼마나 놀라운 간증이며 도전인가!

하워드 브랜트 SIM국제선교회 부총재

폴 해터웨이가 쓴 《백투예루살렘》을 방금 다 읽었다. 롤랜드 알렌(Roland Allen) 이후로 지금까지 나온 세계선교에 관한 책 중 가장 큰 영향을 미칠 대작이다. …… 폴 해터웨이는 지금 중국에서 무슨 일이 일어나고 있는지를 서구 교회에 알려 주기 위해 이 책을 저술했다. 그가 한 일은 비서구 교회를 뿌리째 흔들어 놓을 것이다! …… 이 책은 포스트모던주의에 사로잡힌 서구 교회를 뒤흔들어 놓을 것이다. 이 책이 보여 주는 것은 예수님과 바울이 살았던 시대의 '진정한 기독교'이다! 《백투예루살렘》은 아울러 물질주의와 다원주의라는 두 쌍둥이 신에 물든 서구의 젊은 세대들에게 깊은 영향을 미칠 것이다. 그들은 이 책을 읽고 이렇게 말할 것이다. "맞아! 선교란 바로 이런 거야!" ……직접 책을 구입하여 읽어 보라.(어렵지는 않은 책이다. 그러나 읽는 동안 감격과 슬픔으로 눈물 짓는 것은 피할 수 없다. 나와 같은 독자라면 이 책을 읽기 전에 아내에게 미리 경고하는 것이 좋다. 《백투예루살렘》을 읽는 동안에 "할렐루야" 소리를 몇 번이고 듣게 될 테니 놀라지 말라고.)

피터 메이든 OM국제선교회 총재

2000년 3월은 복음이 전 세계로 침투해 들어가는 중요한 시기로 기억될 것이다. 39명의 중국 선교사들이 이웃 불교 국가에 파송된 시기이기 때문이다. 중국 교회 지도자들은, 이것은 시작에 불과하다고 믿는다. 예루살렘에서 시작하여 서방에 퍼진 복음이 중국으로 들어갔다. 지금 중국에는 이제 복음이 거꾸로 서방과 남방을 건너 전 세계의 미전도 지역을 거쳐 다시 예루살렘으로 돌아가는 것을 열망하는 타오르는 열정이 있다. 이 '백투예루살렘 비전'은 살아 있는 교회의 생생한 비전이자 다가올 세대에게 이 땅에서 가장 위대한 선교의 힘이 될 것이다. 세계선교를 꿈꾸는 사람이라면 누구든지 이 책을 읽어야 한다.

몬로 브루워 2004년 12월, 〈EMQ〉 서평에서

아마도 21세기의 가장 위대한 선교 이야기는 폴 해터웨이가 쓴 간결하고도 뛰어난 이 책이 될 것이다. …… 《백투예루살렘》은 중국의 지하교회 지도자들이 수십 년간 꿈꾸어 왔고 이제는 걷잡을 수 없는 불길로 치솟는 이슬람 국가를 향한 타오르는 불길로써 모든 교회를 경이감에 사로잡히게 만든다. …… 나는 개인적으로 백투예루살렘 운동의 진실성, 열정, 깊이, 그리고 그 넓이에 대하여 보증할 수 있다. 지난 몇 년 동안 나는 가장 거대한 지하교회 운동을 인도하는 이들과 함께 일하고 그들의 학교에서 가르치고 이 사역을 위한 지도자계발 사역을 돕는 기쁨을 누렸다. 세계를 복음화하는 열쇠는 아시아를 복음화하는 데 있다. 그리고 아시아를 복음화하는 열쇠는 중국의 가장 거대한 지하교회 운동을 벌이는 지하교회 지도자들을 일으키고 훈련하는 데 있다. 이 책 《백투예루살렘》이 전 세계와 그리스도의 교회에 던져 줄 비전이란 얼마나 위대한가!

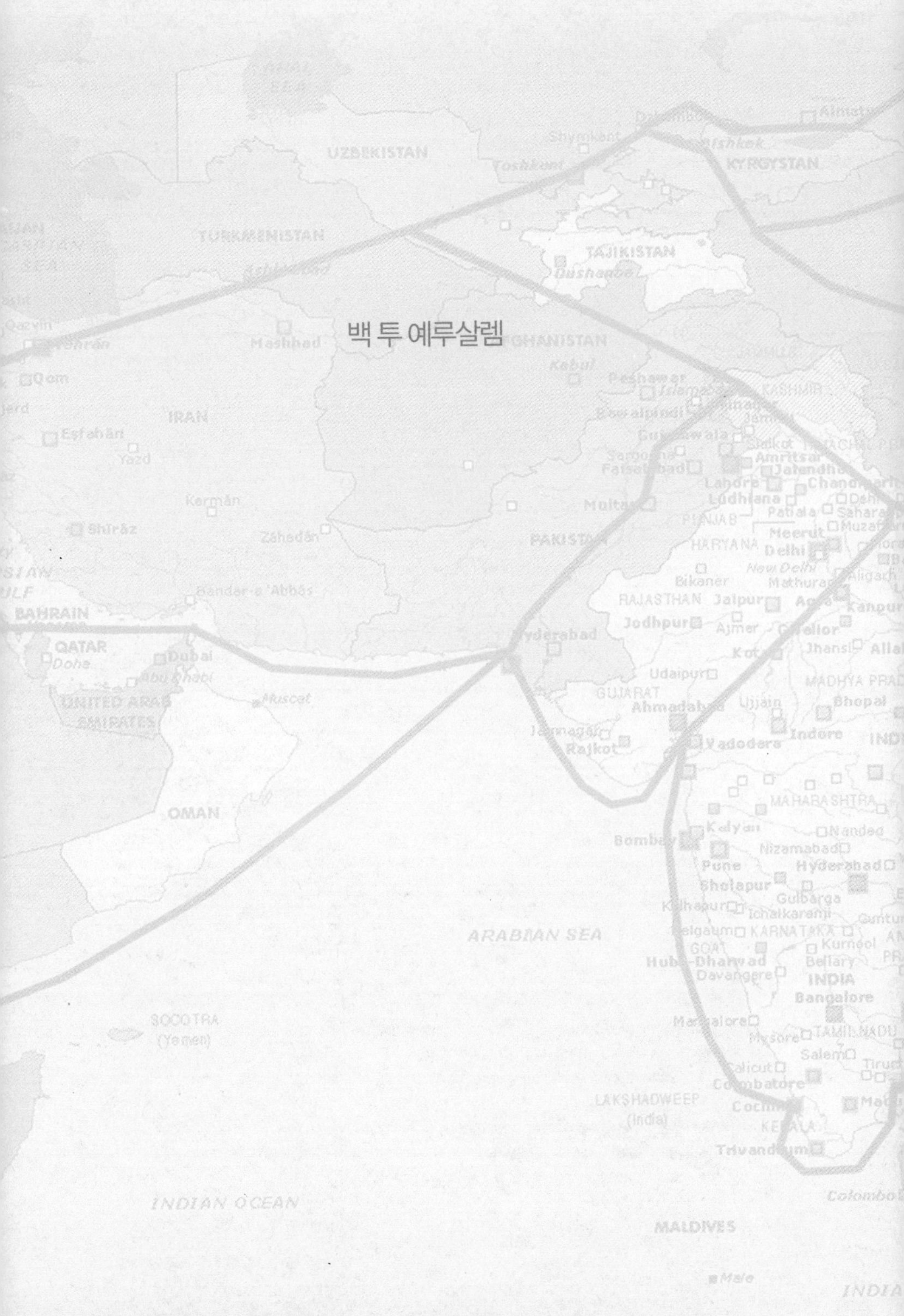
백 투 예루살렘

믿음이란
한 알의 밀알이 땅에 떨어져 죽음으로 많은 열매를 맺음과 같이
진리의 열매를 위하여 스스로 죽는 것을 뜻합니다.
눈으로 볼 수는 없으나 영원히 살아 있는 진리와
목숨을 맞바꾸는 자들을 우리는 믿는 이라고 부릅니다.
「믿음의 글들」은 평생, 혹은 가장 귀한 순간에
진리를 위하여 죽거나 죽기를 결단하는
참 믿는 이들의, 참 믿는 이들을 위한, 참 믿음의 글입니다.

백투예루살렘

BACK TO JERUSALEM

윈 형제_폴 해터웨이 외 지음 | 류응렬 옮김

홍성사

'백투예루살렘'이란 수천 명의 중국인이

'기꺼이 죽기를 각오하는 비전'을 일컫는 말이다.

우리는 적어도 그 이유 정도는 알아야 하리라.

• 1907년 상하이에서 열린 전국기독교회의에 중국 교회의 미래를 토론하기 위해 모인
대표자들. 당시 중국 교회를 지배하던 서양 선교사들의 모습이 확연히 드러나며,
800명 이상 되는 대표 가운데 중국인은 단지 몇 명에 불과하다.

• '백투예루살렘 전도대' 중 몇몇 대원이 파송 예배 후 찍은 사진. 왼쪽에서부터
판쯔지에, 루더(룻 루), 웨이쑤시, 쟝 모시에(모세 쟝), 허언찡(그레이스 허), 리진촨.

•수천 명의 중국 그리스도인들이
수년 동안 그리스도를 믿는
믿음으로 인하여 끔찍한 핍박을
받았다. 이 사진들은 과거에 그들을 감금하는 데 사용했던
잔인한 방법들 가운데 참수대와 사형틀을 비롯한 몇 가지를 보여 준다.

•그레이스 허와 리진촨이 1947년 백투예루살렘 사역자들의 전초 기지로
사용되었던 투란에 있는 그들의 진흙 집 앞에서 찍은 사진.
투란은 현재 칭하이성의 울란 거주구로 알려져 있다.

● 뒷줄: 판쯔지에, 허언찡(그레이스 허), 웨이쑤시, 루터(룻 루), 그리고 리진촨.
앞줄: 메카 차오, 마가 마, 디모데 타이.

● 1988년 시몬 짜오.

●윈 형제는 ‘백투예루살렘 운동’의 핵심 지도자 중 한 사람이다. 전 세계 그리스도인들의 사랑을 받고 있는 그는 중국 신자들이 그를 향한 존경심으로 20년 전에 지어 준 별명 ‘하늘에 속한 사람’으로 잘 알려져 있다.

●수 형제(수융쩌, 徐永擇)는 ‘중국의 빌리 그레이엄’으로 불린다. ‘백투예루살렘 운동’의 지도자 중 한 사람이며 이 비전을 이루기 위해 사역자들을 훈련시키는 것을 자기 삶의 과업이라고 믿고 있다.

●2003년 4월 파리에서 열린 백투예루살렘 집회에서 참석자들을 위해 기도하는 윈 형제.

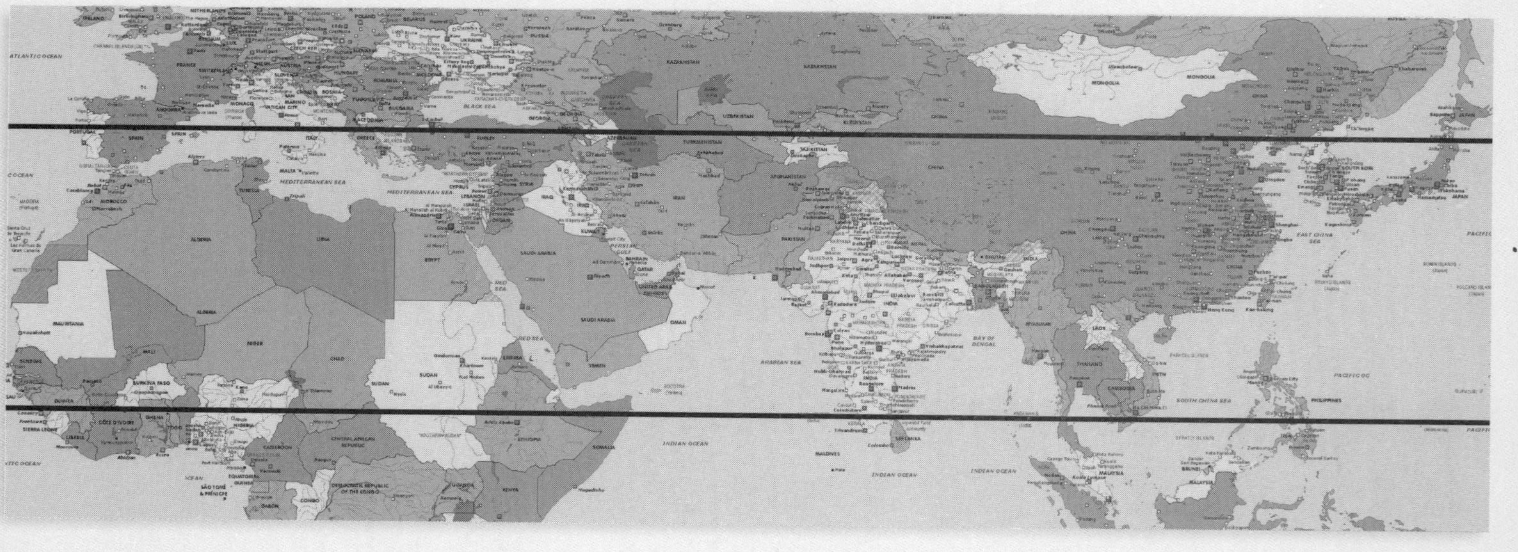

• 10/40 창. 가운데 창 안에 현재 복음이 전파되지 않은 민족의 90퍼센트 이상이 거주하고 있으며 가장 복음화되지 않은 50개국이 위치해 있다. ('10/40 창'과 관련해서는 '머리말'을 참조).

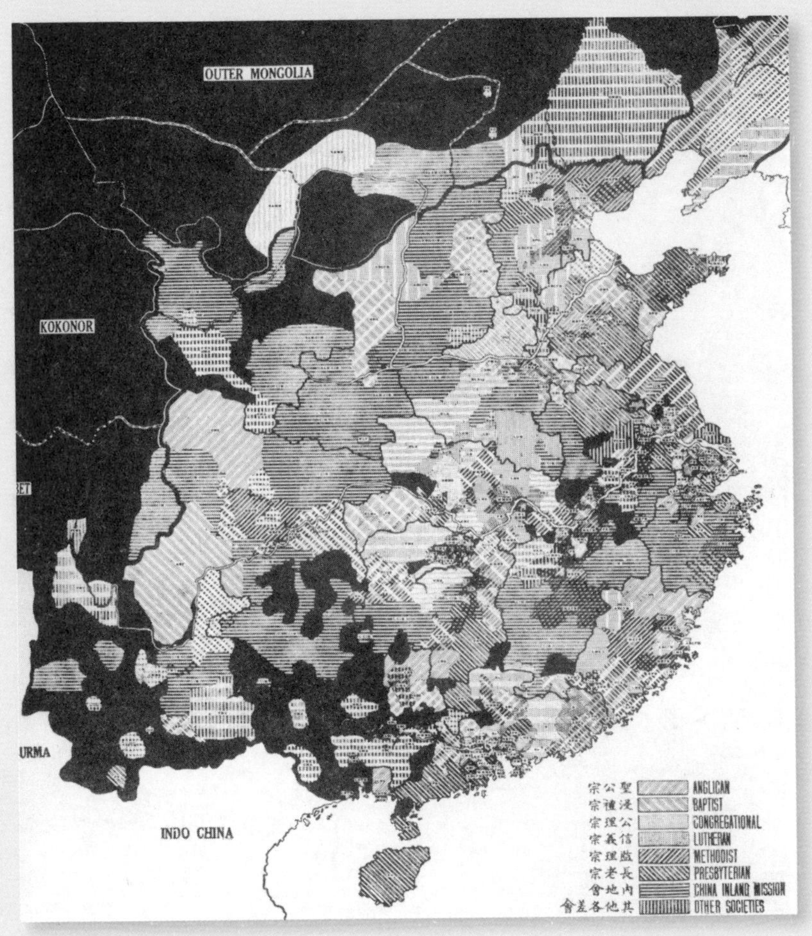

•중국의 전국 각지에서 사역하고 있던 다양한 서구 교파들을 보여 주는
1922년의 중국 지도. 지난 50년의 핍박을 통하여 하나님은 중국에 교파간의 장벽을
무너뜨리고, 자신들의 교회를 세우는 일보다 영혼을 구원하는 일에 더욱 관심을 두는
연합교회를 일으켰다. 이 지도에 나타난 서구의 교파 가운데 오늘날 중국 지하교회에서
찾아볼 수 있는 것은 하나도 없다.(중국 교회와 관련해서는 '제1장'을 참조.)

● 1940년대 백투예루살렘 전도대의 주요 정착지를 보여 주는 서북 지방 중국 지도.
(백투예루살렘 전도대와 관련해서는 본문 '제3장'을 참조.)

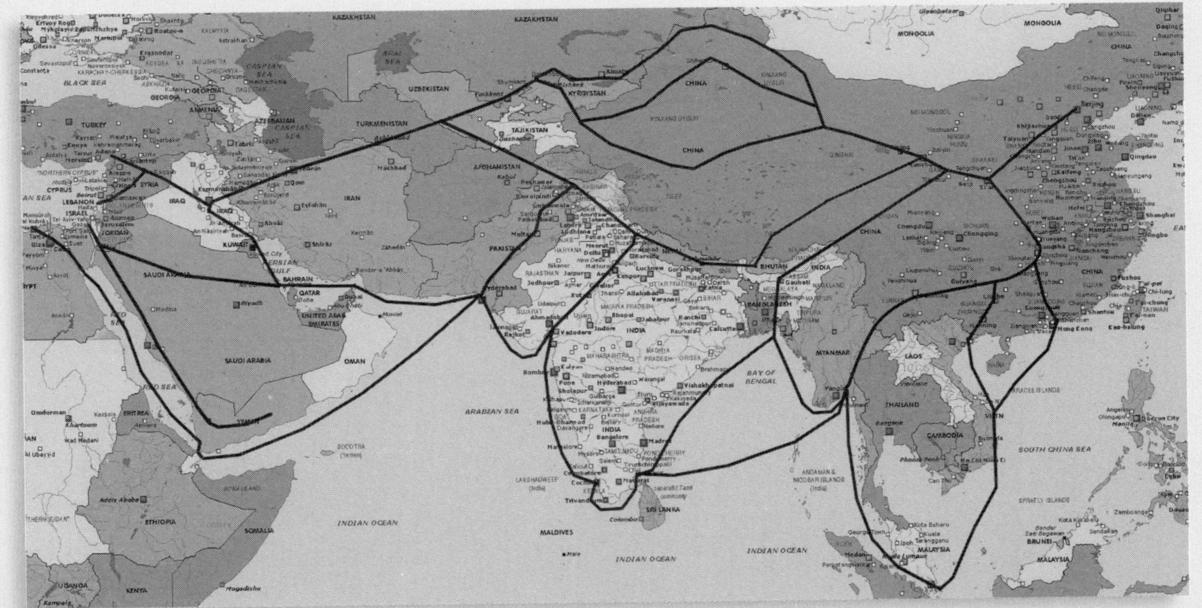

●이 지도는 고대로부터 중국과 세계를 연결했던 모든 주요 경로들을 보여 준다.
중국 교회는 백투예루살렘 운동을 위하여 이 경로를 따라 100,000명 이상의 선교사를 파송할 계획을 가지고 있다.
(이것과 관련해서는 '제8장'을 참조.)

백투예루살렘

차례

1940년대 말 백만 명도 안 되던 중국의 개신교 인구가 현재 1억에 이르도록 성장했다. 40년대 말 중국 대륙 동부 지역의 헌신된 그리스도인들은, 복음을 중국 전역에 전파하고 서쪽으로 실크로드를 따라 남부의 힌두권과 불교권, 중부의 이슬람권, 그리고 북부의 불교권 국가들을 복음화하고 예루살렘까지 이르자는 비전을 세웠다. 그것은 초대교회 당시 예루살렘에서 전파되기 시작한 복음이 지구를 한 바퀴 돌아 다시 예루살렘에 이르게 되는 세계복음화의 완성을 의미하는 것이었다. 공산 정권의 박해로 한때 희미해졌던 그 비전은 오늘날 놀랍게 성장한 중국 교회의 성도들에 의해 다시 살아났다. 《백투예루살렘》은 현재 중국 지하(가정)교회의 이러한 선교 비전과 간증을 담고 있으며, 또한 중국 교회가 단지 선교지로 머물러 있지 않고 선교하는 교회로 성장하고 있음을 보여 준다.

중국 지하교회는 백투예루살렘 비전을 이루기 위해 십만 명의 선교사 파송을 작정했다. 그러나 그들의 최종 목적은 십만 명의 선교사가 아니라, 온 세상이 복음화될 때까지 예수님의 명령을 완수하는 것이다. 이 책에서는 비전뿐만 아니라 구체적인 전략까지 제시하고 있다. 백투예루살렘의 전략과 방법은 기존에 서구가 주도했던 선교와는 매우 다르다. 그들의 선교 방법은 핍박받는 상황에서 나온 그들만의 독특하고 토착적인 것이다. 비단 중국을 예로 들지 않아도 오늘날 선교의 무게 중심이 서구 국가에서 제2·3세계로 움직여 가고 있는 것은 모든 사람들이 주지하는 바이다.

중국 교회는 다른 국가의 성도들도 이 운동에 참여하기를 기대하고 있다. 실제로 중국 지하교회의 지도자들은 이 비전에 한국 교회가 구체적으로 동참해 주길 기대한다. 그리고 그 일을 위한 협력은 이미 일어나고 있다. 그들은 전 세계에 복음을 전하지 않으면 지금 중국 안에서 일어나고 있는 하나님의 놀라운 역사가 사그라질 것이라는 역사관을 가지고 있다. 맞는 말이다. 우리는 중국 교회의 이러한 놀라운 선교 비전이 오늘날 한국 교회의 선교 비전과 함께 시너지를 일으키는 놀라운 역사를 기대해 본다. 우리는 이 책을 통해 세계복음화를 위한 중국 교회의 놀라운 비전과 용기를 보게 될 것이다. 그리고 커다란 도전을 받게 될 것이며, 이 역사에 참여하게 될 것이다. 이 책을 '백투예루살렘 운동'의 지도자 중 한 사람인 윈 형제의 간증 《하늘에 속한 사람》과 함께 읽는다면 그 감동과 도전은 배가 될 것이다.

2008년 북경 올림픽을 전후로 중국 선교에 큰 변화가 있을 것이다. 정말로 적절한 때에 이 책이 발간된 것이 얼마나 큰 축복인지 모르겠다.

한철호(선교한국 상임총무, 선교사)

머리말

'백 투 예루살렘' 이란 수천 명의 중국인이 '기꺼이 죽기를 각오하는 비전' 을
일컫는 말이다. 우리는 적어도 그 이유 정도는 알아야 하리라.

'백투예루살렘 운동' (Back to Jerusalem, '백투예루살렘 운동' 이라
고 불리며, 중국과 예루살렘 사이에 있는 이슬람권 나라와 불교 그리고
회교권 나라들을 선교하고 계속 서쪽으로 나아가 예루살렘까지 복음을
전파하고자 하는 중국 교회의 세계선교를 향한 비전을 가리키는 말이
다.-옮긴이)에 관하여 처음 들은 것은 1980년대에 중국에 갔을 때였다.
당시에 한두 명의 설교자들이 설교 중에 이에 대해 언급했었다. 그러나
그때에는 무슨 말인지 잘 알아들을 수 없었으며, 그저 예루살렘을 복음
화하고자 하는 중국 교회의 열망을 나타내는 정도로 생각했다. 꽤 흥미
롭기는 했지만 나의 선교사역에 충격을 줄 정도는 아니었던 것이다.

수년이 지나 하나님께서 중국 각지에서 온 지하교회 지도자들과 교제
할 수 있는 은혜를 허락하셨을 때, 비로소 나는 그들 가운데 수많은 사
람들이 백투예루살렘의 열정에 사로잡혀 있는 것을 알게 되었다. 그들은
매일 이 비전을 두고 기도하고 꿈꾸었으며 아침, 점심, 저녁 식탁에서도

이것에 관해 이야기했다. 백투예루살렘은 중국의 많은 기독교 지도자들에게 하나의 사소한 관심사가 아니다. 오히려 그것은 그들의 사역과 삶을 움직이는 원동력이다. 또한 많은 사람들은 백투예루살렘이 하나님께서 중국 교회를 부르신 사명이요, 중국 교회가 존재하는 이유라고 믿는다.

중국의 기독교 지도자들이 주님과 깊이 동행하고 말씀과 성령으로 끊임없이 하나님께 인도함을 받는다는 것을 안 후로, 나는 백투예루살렘 운동을 더 이해하기 위해 무엇이든 하는 게 매우 가치 있는 일이라고 생각했다. 중국 역사를 조금씩 배우고 지하교회 지도자들의 이야기를 들을 때마다, 그리고 이 비전이 마음속에 스며들수록 나와 우리 가족은 중국 교회와 '백투예루살렘 비전'을 위해 우리의 남은 생애를 바치는 것보다 더 고귀한 인생이 없다고 여겨졌다.

첫째로 내가 깨닫게 된 것은, 백투예루살렘이 단지 중국 교회가 복음을 들고 예루살렘으로 달려가는 것만을 말하지는 않는다는 사실이다. 그들의 비전은 이보다 더 크다. 또한 백투예루살렘은 종말론적 이론을 말하지 않는다. 즉 중국 교회가 그리스도의 재림을 맞이하기 위해 이스라엘로 달려가려는 것도 아니다. 백투예루살렘이란 하나님께서 중국 교회에게 주신 사명으로, 중국과 예루살렘 사이에 있는 모든 나라와 도시와 마을과 민족에게 복음을 전하고 성도의 교제를 이루고자 하는 열망을 의미한다. 이는 결코 작은 일이 아니다. 중국과 예루살렘 사이에는 복음으로 정복되지 못한 채 영적으로 가장 난공불락의 요새인 이슬람교와 불교와 힌두교가 자리하고 있다.

아마도 여러분들은 북위 10도와 40도 사이에 놓여 있는 지역을 가리키는 말로 10/40 창(window)에 관하여 들은 적이 있을 것이다. 세계에서 가장 기독교인이 적고 복음화되지 않은 50개의 나라가 바로 이 지역, 10/40 창에 놓여 있다. 전 세계의 미전도 종족 90퍼센트 이상이 이곳에 있으며, 오천 명이나 되는 부족과 그들만의 언어를 사용하는 사람들이 살고 있다. 그리고 이곳에는 그들을 위해 복음을 전하는 전도자가 없다.

중국의 그리스도인들은 비록 10/40 창이란 말은 한 번도 들어 보지 못했지만 그렇게 오랫동안 영적 흑암에 싸여 온 이 나라들을 위해 복음을 전하고자 하는 비전을 지니고 있다.

2002년, 수많은 중국 지하교회 지도자들은 세계의 그리스도인들이 백투예루살렘의 비전에 대한 이해가 부족한 것 때문에 실망감을 금치 못했다. 그들은 나에게 이 운동의 역사와 배경을 설명할 수 있는 책, 즉 중국 그리스도인들이 품고 있는 백투예루살렘을 향한 꿈이 이루어질 것이라고 믿기 시작한 이후로 주님이 중국 교회에 주신 계획과 전략에 관한 책을 쓸 수 있는지에 대해 물어 왔다.

여러분이 지금 읽고 있는 이 책이 바로 그들이 소원했던 바, 그 열매이다. 작가로서 내 역할이란 그들이 영어를 잘 못한다는 한계 때문에 할 수 없는 일, 즉 그들이 여러분들에게 전하고자 하는 메시지를 형식을 갖춰 글로 소개하는 일이다. 이 책에 나오는 세 명의 주인공은 지하교회 지도자인 원 형제, 수 형제 그리고 에녹 왕이다. 이 세 사람은 중국 교회 전역에 널리 알려진 인물이며 그 중 두 명은 백투예루살렘을 위한 선교사 양성과 사역의 효율성을 위해 중국을 벗어나 살고 있다.

세 명의 하나님의 사람들이 들려주는 이야기는 개인적인 체험에서 우러나오는 깊은 간증이다. 그들 중에는 신앙 때문에 거의 40년을 감옥에서 보낸 사람도 있다. 또한 그들은 삶에서 겪은 고난을 통하여 하나님의 성품과 사역을 배웠다. 이 책의 5장부터 7장까지에서는 자신들이 겪은 이야기를 들려주고 백투예루살렘의 비전을 설명한다. 그들이 이야기하는 관점은 내가 만날 수 있는 영광을 누렸던 수백 명의 지하교회 지도자들의 마음을 대표하고 있다.

책장을 넘기면서 한 가지 기억할 점은, 백투예루살렘 운동이 결코 소수의 광신적인 그리스도인들의 염원이 아니라는 것이다. 이것은 이미 우리에게 일어나고 있는 현실이다! 2000년 3월, 처음으로 39명의 중국인 선교사들이 이웃 불교 국가로 파송되었다. 그들은 앞으로 다가올 거대한 홍수를 대표하는 한 방울의 물과도 같다. 이 사실을 아는 사람은 몇 되지 않지만 그들의 파송은 수년간의 기도와 계획 가운데 맺어진 결실이다. 그리고 비로소 그날에 중국은 다시 한 번 세계선교에 적극적으로 동참하는 나라가 되었다. 오늘날 수백 명의 중국인 선교사들은 중동, 북 아프리카, 중앙 아시아, 인도, 그리고 동남 아시아에서 선교사역을 감당하고 있으며, 수천 명의 사람들이 선교지에서 사용할 아랍어와 영어를 배우며 훈련하고 있다.

백투예루살렘의 비전을 위해 첫 선교사들을 훈련하고 교육할 때 그들은 한 사람씩 자신들의 간증을 들려주었고, 간증을 들을 때마다 사람들은 눈물바다를 이루었다. 그들 중 어느 누구도 예외 없이 모두 중국에서 복음을 위해 극심한 핍박을 받았으며, 대부분은 예수 그리스도를 믿는다는 이유 때문에 체포되고, 투옥되고, 구타를 당하고, 고문을 받았다. 그들은 한결같이 최악의 고난을 겪었으며 가족과 이별하고 굶주림에 허덕였고 잠을 빼앗겼으며 갖가지 고통을 경험했다. 그들 모두는 중국 전역에서 수년 동안 복음을 전했고 교회를 세웠으며, 대부분의 그리스도인들이 평생에 볼 수 있는 것보다 더 많이 그들의 사역에 임하는 하나님의 능력을 목격했다. 일반적인 서양 선교사들의 관점에서 보면, 그들은 자격을 갖추지 못한 사람들이다. 신학교를 다닌 사람이라고는 아무도 없고, 신학교 학위가 있다는 사실조차도 모르는 사람들이다. 그러나 그들은 하나님으로부터 직접 훈련을 받은 사람들이다. 이 훈련은 핍박이라는 용광로에서 체험을 통해 배운 것이기에 교실에서 배운 것보다 훨씬 값지다. 다음은 백투예루살렘 운동의 주요 지도자 가운데 한 사람인 윈 형제가 들려주는 말이다.

가끔 서양인들이 중국을 방문해서는 가정교회 지도자들에게 어

떤 신학교를 다녔느냐고 묻는다. 그러면 우리는 농담조로 ‘개인
헌신 성령 성경학교’에서 오랫동안 훈련을 받았노라고—그러나
내심으로는 매우 진지하게—대답하곤 한다(이 학교는 감옥을 가리
킨다). 그러면 말뜻을 알아듣지 못하고 이렇게 되묻기도 한다.
“그 성경학교는 무슨 교재를 사용합니까?”
다시 우리가 대답한다.
“그 학교의 유일한 교재는 우리를 결박하는 족쇄와 우리에게 상
처를 입히는 가죽 채찍입니다.”
우리는 감옥 신학교에서 주님에 관한 많은 귀중한 교훈을 배웠
다. 그것은 결코 책을 통해서는 배울 수 없는 것이었다. 그곳에
서 우리는 하나님을 깊게 깨달았고, 우리를 향한 그분의 선하심
과 인자하심과 신실하심을 체험했다.[1]

백투예루살렘 선교사들은 지닌 돈이 없고 기금 조성 계획도 없으며 회
보를 보내는 대상자 명단이나 그들을 소개하는 화려한 잡지도 없다. 컴
퓨터를 아는 사람은 극소수에 불과하며 인터넷에서 정보를 얻는다는 것
이 무슨 말인지 모른다. 돈을 버는 방법에 대해서도 아는 것이 별로 없
다. 그러나 그들이 확실히 아는 것 한 가지가 있는데, 그것은 예수님의
제자를 만드는 방법이다. 그들에겐 투자라고 말할 수 있는 것이 아무것
도 없지만, 그들은 이미 하늘에 쌓아 놓은 유산으로 풍성한 사람들이다.

중국의 지하교회 예배에서 헌금을 거둘 때면 전도자들은 때때로 주머
니에 한 푼의 돈도 없을 때가 있다. 그럴 때 그들은 문자 그대로 헌금
주머니에 다가가 하나님께 자신들의 삶 전부를 아무런 조건 없이 드리기
도 한다.

중국 교회는 결코 성급하게 계획하지 않는다. 그들은 행동을 취하기
전에 주님을 기다리며 그분의 지시에 귀 기울이는 법을 배워 왔다. 이들
은 하나님이 어떠한 분인지를 잘 알며 하나님의 충족함 그리고 비길 데

없는 그 은혜와 능력을 확신한다. 그들은 세상으로 복음을 가지고 나아갈 뿐 아니라 그들 자신이 바로 살아 있는 복음이다. 비록 세상의 눈에 그들은 보잘것없어 보이지만, 하나님의 손에 있는 예리한 화살이다.

사도 바울의 고백처럼 중국 교회는 예수 그리스도의 말씀을 들었다.

"내 은혜가 네게 족하도다. 이는 내 능력이 약한 데서 온전하여짐이라"(고후 12:9). 바울처럼 중국 교회는 한점의 의심도 없는 확신으로 고백한다. "그러므로 내가 그리스도를 위하여 약한 것들과 능욕과 궁핍과 핍박과 곤란을 기뻐하노니 이는 내가 약할 그때에 곧 강함이니라" (고후 12:10).

오스왈드 챔버스(Oswald Chambers)는 이런 말을 했다. "만일 당신이 하나님께 당신의 권리를 이양한다면 하나님은 당신을 가지고 거룩한 실험을 감행하실 것이다. 하나님의 실험은 실패하는 법이 없다." 하나님은 중국에 많은 실험을 해 오셨고 이제 세상에 그 결과를 보여 주시고자 한다.

하나님은 변함이 없으시다. 우리는 더 좋은 방법과 더 강한 사람들을 찾아 나서지만, 하나님은 자신들의 능력을 전혀 신뢰하지 않는 약한 그릇을 찾고 계신다. 하나님이 이렇게 하시는 것은 하나님의 일은 하나님의 방법으로 되는 것이며 모든 영광은 예수 그리스도께로 돌아간다는 것을 보여 주시기 위함이다. 하나님은 언제나 "세상의 미련한 것들을 택하사 지혜 있는 자들을 부끄럽게 하려 하시고 세상의 약한 것들을 택하사 강한 것을 부끄럽게 하려 하시며 하나님께서 세상의 천한 것들과 멸시받는 것들과 없는 것들을 택하사 있는 것들을 폐하려 하시나니 이는 아무 육체라도 하나님 앞에서 자랑하지 못하게 하려" 하시기 때문이다 (고전 1:27-29).

'백투예루살렘 비전'이 전개될 때마다 여러분은 복음 선포를 위해 오랫동안 기도해 온 지역에서 무슬림, 힌두교인, 그리고 불교인들이 그리스도께 나오는 소식을 듣게 될 것이다. 이 역사가 일어날 때 중국의 그리스도인들로 인하여 놀라지 마라. 그들은 하나님의 은혜로 구원받은 죄인들이며 우리의 어떤 관심을 끌 만한 사람이 아닌, 그저 죄인에 불과할 뿐이다. 다만 하나님의 지혜와 그 계획의 아름다운 성취를 바라보고 놀라기를 바란다. "하나님의 미련한 것이 사람보다 지혜 있고 하나님의 약한 것이 사람보다 강하니라"(고전 1:25).

다음 장에서는 중국 교회의 역사와 오늘날의 위치에 관하여 간략하게 다루고자 한다. 그리고 책의 나머지 내용에서는, 세 명의 중국 교회 지도자들의 '복음을 예루살렘까지 전파하고자 하는 비전'인 '백투예루살렘'에 대해 다룰 것이다.

나는 여러분들이 백투예루살렘의 비전으로 인하여 힘을 얻고 도전받기를 바란다. 그리하여 "세상 나라가 우리 주와 그리스도의 나라가 되어 그리스도가 세세토록 왕노릇"하기까지 지상명령의 성취를 위해 기도하며 이 사명에 동참하기를 기대한다.

폴 해터웨이

제1장
중국 교회

너희는 열국을 보고 또 보고 놀라고 또 놀랄지어다 너희 생전에 내가 한 일을
행할 것이라 혹이 너희에게 고할지라도 너희가 믿지 아니하리라(하박국 1장 5절).

백투예루살렘은 21세기 중국 교회의 현재와 미래의 비전을 가리키는
말이다. 이 말이 중국 교회에 어떠한 의미를 주는지 제대로 이해하려면
중국의 과거를 먼저 알아야 한다. 제1장에서는 하나님께서 중국 교회에
개입해 오신 간략한 역사와, 수많은 중국의 지도자들이 백투예루살렘을
그들의 사역 가운데 가장 중요한 목표인 동시에 최종 상급으로 여기며
오늘의 중국 교회로 자라온 과정을 설명하고자 한다. 사실 많은 중국의
그리스도인들은 지난 50년 동안 그들이 겪어야 했던 핍박이 사탄의 계
획이었다고 믿기보다는 오히려 백투예루살렘이라는 비전을 성취하기 위
해 그들을 준비시키신 하나님의 계획이라고 여긴다.

지난 50년 동안 중국 곳곳에서는 놀라운 일이 벌어졌다. 신약 시대에
볼 수 있었던 살아 있는 기독교가 나타나기 시작한 것이다. 만일 이런
극적인 사건이 지속적으로 일어난다면 중국에는 모든 사회와 도덕 구조
를 바꿀 가능성이 있다고까지 말하는 일반 학자들도 있다.

나는 새천년이 시작될 무렵 다수의 중국 지하교회(가정교회) 지도자들을 만날 기회가 있었다. 그들은 대부분 소박하게 농사일을 하다 온 사람들로서 겉으로 보기에는 보잘것없는 남녀에 불과했지만 그들과 함께하는 시간은 즐거운 경험이었다. 중국이 최근 몇십 년 동안 기독교의 부흥을 경험하고 있다는 것과 이 부흥의 물결이 중국이라는 거대한 나라 곳곳에 번지고 있다는 사실은 전 세계의 많은 그리스도인들이 아는 사실이고 나도 그 정도는 알고 있었다. 또 중국에서 집단적으로 일어나는 회개, 비밀리에 베푸는 세례, 그리고 가혹한 핍박에 관한 보고를 읽은 적이 있다.

그날 특별 모임에서 각 지하교회나 가정교회 지도자들은 하나님이 그들 가운데 행하시는 일에 관해 간증하면서 교회가 어떻게 성장을 경험하고 있는지를 보고했다. 각 지역 지도자들은 모임에 참석하기 전에 이미 그들과 관련을 맺고 있는 교회의 모임과 신자의 수에 관하여 가능한 한 정확한 숫자를 알아보도록 지시받았다. 지하교회의 고위 지도자들은 각 성과 지방의 지도자들에게 보고서를 제출할 것을 부탁했다. 일단 명령이 떨어지면 이 사람들은 도시와 지방 단위로 활동하는 지하교회 지도자들로부터 통계를 수집했다.

그러고 나서 특별 모임에 참석한 고위 지도자들은 정보를 정리한다. 보고 내용에 따르면 지하교회와 연결된 총 성도의 수는 5천8백만 명에 이르렀고 각 지하교회의 연 성장률은 12.5퍼센트에서 17.5퍼센트에 이르렀다. 몇몇 전문가들은 매일 삼만 명의 중국인들이 그리스도인이 된다고 예측하였는데, 그렇다면 매년 천만 명의 새 신자가 탄생된다는 것이다.

비록 현재는 중국에서의 회심 숫자가 (매일 약 오만 오천 명이 태어나는) 출산율에 미치지 못하지만 현재의 성장률로 보면 중국 교회는 얼마 가지 않아 중국 전체 인구 증가율보다 더 빠르게 성장할 것이다.

지도자들과 대화를 나누면서 그리스도를 향한 그들의 열정과 사랑 그리고 희생적인 헌신을 배우게 되었다. 이들은 단순한 신자들이 아니라 예수의 제자들이었다. 그들은 천국 가는 티켓을 위해 복음을 말하는 자들이 아니라 하나님 나라의 실재성을 설교했고 보여 준 사람들이었다. 물론 그들은 신앙 때문에 엄청난 대가를 지불하였다. 그 모임에 참석한 지도자 가운데 옥고를 치르지 않은 지도자는 단 한 사람도 없었으며, 많은 사람들이 혹독한 고문과 수치를 당했고 소유물을 몰수당하였다. 그럼에도 불구하고 정말 믿기 어려운 사실은 그들이야말로 우리가 만나고 싶어 하는 제일 즐겁고 신실한 사람들이라는 것이다. 그들이 누리는 기쁨은 피상적인 감정이 아니라, 영혼 깊숙한 곳에서 흘러나오는 실체였으며 예수 그리스도를 자신의 영혼을 가장 사랑해 주시는 주님으로 여기는 사람들이 경험하는 초자연적 기쁨이었다.

한번은 점심 식사 중에 몇 명의 교회 지도자들에게 "만일 지나온 수십 년처럼 복음이 전국적으로 끊임없이 불타오른다면 이삼십 년 후에 중국에는 얼마나 많은 그리스도인들이 생길까요?"라고 물어보았다. 그리고 덧붙여서 "이억 명의 신자들? 또는 삼억 정도?"라고 미소 띤 얼굴로 물었다.

그런데 중국 형제들은 그 질문에 답하지 않았다. 그들이 이해하지 못한 것은 나의 질문이 아니라 나의 믿음의 부족이었다! 그 중 한 지도자가 내 질문을 반복하더니 얼굴에 약간 당황하는 기색을 보이면서 말했다.

"물론 이삼십 년 후에는 중국의 모든 사람이 주님을 알게 될 것입니다!"

비로소 내가 가진 제한된 사고를 중국 교회에 대입해서는 안 된다는 것을 알았다. 그 지도자들은 자신들이 하나님께로부터 받은 사명 가운데 하나가 중국 전역을 완전히 복음화하고 중국을 아시아에서 진정으로 거듭난 첫 번째 기독교 국가로 만드는 것이라 믿고 있다.

단언하건데, 그들이 성공한다 해도 결코 놀랄 일이 아니다.

고대에 나타난 하나님

하나님이 모든 것을 지으시되 때를 따라 아름답게 하셨고 또 사
람에게 영원을 사모하는 마음을 주셨느니라 그러나 하나님의 하
시는 일의 시종을 사람으로 측량할 수 없게 하셨도다(전 3:11).

선교사들이 중국으로 홍수처럼 몰려들기 시작한 후 수십 년이 지나자
중국의 고대사와 역사·문학을 연구하는 학자들은 중국의 먼 과거로부터
놀랄 만한 사실들을 발견했다. 역사가 시작된 이래로 전해 내려온 창조,
세상을 뒤덮은 홍수, 그리고 거대한 배 안에 피난처를 찾아 살아남은 가
족의 전설 이외에도 고대 중국인의 창조주 하나님을 향한 깊은 경외심을
보여 주는 증거는 상당히 많다. 창조주는 한 번도 형상이나 우상으로 나
타난 적이 없었다. 고대 중국인들은 창조주가 인류의 삶을 전적으로 통
치한 것으로 믿었다. 실제로 수많은 중국어 글자는 성경 이야기와 원리
들을 나타내고 있다.[2]

수세기 동안 중국 황제는 하늘의 황제인 샹띠(上帝)에게 매년 제사를
드렸다. 샹띠란 호칭은 아직도 중국 개신교 신도들이 하나님을 일컬을
때 사용한다. 황제가 매년 드리는 기도문에 보면 이처럼 놀랄 만한 말이
나온다.

옛날 태초에 형체가 없고 흑암이 가득한 거대한 혼돈의 상태가
있었다. 다섯 개의 요소(행성)가 아직 진화하기 전이었고 태양도
달도 빛을 발하지 못할 때였다. 어떠한 형상도 소리도 없었다.
오 전능하신 영이시여! 당신은 왕으로 오셔서 먼저 순수한 것으
로부터 더러운 것을 구별하셨나이다. 당신은 하늘을 만드시고
땅을 만드셨으며 인간을 만드셨나이다. 번성할 수 있는 자력을
갖춘 만물이 존재하게 되었나이다……

오 신비롭게 일하시는 조물주여! 저는 깊은 생각에 잠기어 우러
러 당신을 보나이다. ……저는 감격에 싸여 당신을 경외합니다.
당신의 종인 저는 단지 갈대요 나무와 같은 존재입니다. 저의
심령은 단지 개미와도 같지만 당신께서는 저를 지명하시어 나라
를 다스리는 특별한 은총을 주셨습니다. 자신의 무지와 어둠을
아는 저이기에 혹 당신의 거대한 은총에 비하여 스스로 무가치
한 자가 될까 두렵습니다. 그리하여 저는 비록 무가치한 사람이
지만 저에게 주어진 임무를 충직하게 수행하고자 모든 법과 규
례들을 지키겠습니다. 이곳 멀리서나마 저는 당신의 하늘 왕국
을 바라봅니다. 당신의 찬란한 마차를 타고 제단으로 오소서!
당신의 충만한 은혜를 기다리며 저는 경외하는 마음으로 바닥에
머리를 조아립니다. ……저희가 당신을 경배하는 가운데, 무궁
한 선하심을 가진 당신께서 우리의 예물을 너그러이 받아 주소
서![3]

나는 오늘날 중국의 지도자들도 그들의 조상들이 가졌던 하나님을 향
한 겸손과 경외심을 동일하게 지닐 수 있기를 기원한다.

이 기도문을 보면 세계에서 가장 많은 인구를 가진 나라가 먼 옛날,
하나님의 목적 안에서 특별한 위치를 지녔었음이 확실한 것 같다. 그렇
다면 마지막 때인 오늘날, 중국은 다시 한 번 하나님의 나라를 위해 특
별한 역할을 할 수 있지 않겠는가?

중국에 기독교가 처음으로 전수된 것은 서기 635년에 온 경교도들
(Nestorian)에 의해서라는 증거는 확실하다. 그런데 중국의 많은 그리스
도인들은 아기 예수를 방문했던 동방박사 가운데 적어도 한 사람은 중국
에서 왔다고 믿는다. 이렇게 믿을 수 있는 근거는 그리스도가 탄생했던
시대에 한나라의 궁정 선임 천문학자였던 리우샹의 일화에서 찾을 수 있
다. 중국인들이 왕의 별이라 불렀던 새로운 별을 발견한 후 리우는 2년

간 모습을 보이지 않았다. 사람들은 이 별이 나타나는 곳에는 어디든지 왕이 탄생할 것이라 믿었다. 당시 중국은 천문학이 상당히 앞서 있었고, 리우샹은 이미 사람들이 다니던 비단길을 통하여 얼마든지 여행할 수 있었을 것이다. 중국에서 예루살렘까지의 여행 길은 1년 내지 2년 정도는 걸렸을 것이다. 성경은 흥미롭게도 헤롯 왕이 베들레헴과 그 모든 지경 안에 있는 사내 아이를 박사들에게 자세히 알아 본 그때를 표준하여 두 살부터 그 아래로 다 죽였다고 기록하고 있다(마 2:16).

증명하기란 불가능하지만 최근 발견된 사실에 의하면 중국의 기독교가 거의 신약 교회가 탄생하는 시기까지 거슬러 올라간다고 한다. 신학 교수이면서 중국기독교인협의회 상임회원인 74세의 왕웨이팡은 쟝쑤성(江蘇省)에 있는 쉬쪼우 박물관에서 한 묶음의 돌 조각을 발견했다.

왕 교수는 돌 조각들이 성경 이야기와 초대 기독교 시대의 모습을 보여 주는 것에 엄청나게 놀랐다. 좀더 면밀히 연구해 본 결과 여기에 새겨진 것은 서기 86년이나 동한(東漢)의 위엔허(Yuanhe) 황제가 통치한 지 3년째 되던 해에 기록된 것으로 나타났다. …… 왕 교수는 여기에 새겨진 그림을 성경과 비교했는데, 그것은 하나님이 세상을 어떻게 창조했는지를 물고기, 새, 동물들의 문양을 통해 보여 주었다.

고대의 돌에 새겨진 그림은 중국 동한 시대의 특색을 유지하면서도, 이라크와 중동에서 발견되는 초대 기독교 시기의 예술 양식을 보여 주었다.

장례 때 사용되는 중요한 용품인 돌 조각은 네 개의 도시에서 주로 발견되었고 쉬쪼우는 그 가운데 한 도시이다. 보고서에 따르면 한(漢) 왕조 무덤이 지금까지 20개 이상 손상되지 않은 채 발견되었으며, 그 안에 조각된 돌은 500개 가까이 된다고 한다.[4]

선교사 시대

근대에 이르러 중국에서 가톨릭 선교사는 개신교 선교사보다 500년 이상 우세를 보였다. 중국 땅에 교두보를 세우기 위한 영적 전쟁을 치르면서 그들은 끊임없는 인내와 불굴의 용기를 보여 주었다. 개신교 선교사가 처음으로 중국에 나타난 것은 1807년 10월, 영국인 로버트 모리슨(Robert Morrison)의 배가 광저우(廣州)에 정박했을 때였다.

항해 중에 선장이 모리슨에게 물었다.

"당신은 우상을 섬기는 이 거대한 중국 대륙에 어떤 영향을 미칠 수 있다고 생각합니까?"

그 개신교 선구자는 오늘날까지 남아 있는 그 유명한 말로 대답했다.

"아니요, 그러나 하나님은 하시리라 믿습니다."

과연 그는 해냈다!

변화가 속히 온 것은 아니었다. 그가 도착한 지 7년이 지나서야 비로소 그는 사람의 눈이 닿지 않는 높은 언덕에서 흘러나오는 개울에서, 추수의 첫 열매인 장차 믿음에 이르게 될 수백만 가운데 한 사람이 되기를 열망하면서 첫 회심자에게 세례를 주었다.[5]

그 후 수십 년 동안 중국의 선교사역은 기하급수적으로 성장했다. 대부분의 선교사들은 복음을 위해 기꺼이 죽기를 각오할 정도로 하나님께 헌신된 사람들이었다. 한 믿음의 사람은 "나는 이교도의 땅 중국에서 죽기를 희망하지만 기독교 국가인 중국에서 부활하기를 소망한다"[6]고 말하기도 했다.

모리슨의 소망은 점점 더 성취되어 가는 것 같다.

150년 동안 계속 된 개신교 선교사들의 사역을 통한 중국인 회심자 수가 엄청나지는 않지만 미래의 발전을 위한 기초는 확고하게 놓아졌다. 말할 것도 없이 가장 유명한 선교사는 교단의 배경이 없는 중국내지선교회(China Inland Mission)의 창시자인 제임스 허드슨 테일러(James

Hudson Taylor)였다. 그는 오늘날에도 중국 지하교회 지도자들이 흠모하며 기억하고 있는 사람이다. 백투예루살렘 운동의 중심 인물 가운데 한 사람인 수 형제는 테일러를 향한 깊은 존경심을 다음과 같이 표현한다.

> 오늘날 중국 지하교회의 비전은 주 예수 그리스도의 삶과 임재하심으로 우리나라를 채워 가는 것뿐만 아니라 모든 이슬람교, 불교, 그리고 힌두교 국가들에 복음으로 파고들어 가는 것입니다. 우리가 허드슨 테일러가 남긴 발자취에 대하여 이토록 감사한 이유가 바로 이 때문입니다. 그의 삶은 하나님의 나라가 임하기를 소망하는 단 하나의 열망을 품은 사람의 본보기였습니다. 강한 군사처럼 그는 주 예수 그리스도의 이름이 한 번도 전해지지 않은 곳으로 전진해 들어갔습니다.
>
> 오늘날 중국 지하교회는 이와 동일한 비전에 사로잡혀 있습니다. 이는 허드슨 테일러가 중국 교회에 타오르는 횃불을 건네주면서 마지막 결승점까지 쉬지 않고 달려가기를 부탁한 것과 같습니다.

허드슨 테일러의 사역을 다루는 책은 대부분 서양의 선교 방법에 치우치는 경향이 있다. 그러나 중국내지선교회의 사역을 자세히 살펴보면 중국에 건너간 서양 선교사들은 자신의 역할을 중국의 지역교회 기독교 지도자들의 훈련자요, 촉매자로 보았다. 간단히 말해 일선에서 사역을 감당했던 사람은 중국 현지 동역자들이었고 서양 선교사들은 후방에서 그들을 지원하고 독려한 것이다. 사역 초기에 테일러가 남긴 기록이다.

> 추수할 것은 너무나 많은데 일꾼은 부족하고 사람들은 이런 일을 하기에는 아직 준비되지 않은 상태이다. 그러나 하나님은 소

수의 연약한 그릇을 위대한 일—우리가 상상도 못하는—을 이루
는 도구로 사용하시는 분이다.[7]

중국에서 수십 년을 보낸 후, 테일러는 서양의 선교사들이 그리스도의
몸 된 교회에서 지도력과 결정권을 점하고 있는 한, 중국 교회는 결코
온전히 성장해 갈 수 없다는 것을 깨닫고 그의 선교 전략을 바꾸게 된
다. 다음의 글에서 그가 강조한 선교 전략을 볼 수 있다.

서양 선교사들은 이 땅에서 높아져 가는 건물의 받침대 역할을
감당해야 한다. 그 받침대는 빨리 사라질수록 좋다. 아니, 가능
하면 빨리 그 받침대가 동일한 역할로 사용될 수 있도록 다른
장소로 옮겨지는 것이 더 좋다.[8]

오랜 세월이 흐른 뒤 허드슨 테일러의 아들은 아버지의 사역에 대해
다음과 같이 요약했다.

70년 동안 저의 아버지 허드슨 테일러와 그의 후계자들, 중국내
지선교회의 회원들, 그리고 기타 많은 선교사들이 다 같이 깨달
은 것은 중국은 반드시 현지 그리스도인들이 전도해야 한다는
것이었습니다. 지금 하나님께 감사한 것은 중국이 과거 어느 때
보다 많이 복음화되었다는 점입니다. ……이렇게 헌신한 사역
자들은 어떤 희생이나 고난, 그리고 때론 뼈를 깎는 고통도 감
수할 준비가 된 사람들이었고 오직 그리스도 한 분만이 그들의
영혼의 고통을 알아 주신다면 만족할 수 있는 사람들이었습니
다.[9]

중국처럼 민족의식이 강한 나라의 경우에는 자국민이 주체가 되는 효

과적인 선교 전략이 필수적이다. 중국의 대중은 결코 외국인의 종교를 수용하려 하지 않는다. 중국 땅에 맞게 기독교가 모양과 구조를 바꿀 때 비로소 중국인은 받아들인다. 1890년대에 어떤 중국인이 지역 전도자에게서 강력한 설교를 듣고 나서 다음과 같은 의미심장한 말을 남겼다.

> 한번은 도끼날 부대가 숲을 자르러 왔다는 소식을 들은 숲이 말했습니다.
> "신경 쓸 것 없어. 결코 그것들 힘으로는 성공하지 못할 거야!"
> 그러나 자신의 가지가 도끼의 손잡이로 사용되는 것을 보면서 숲은 말했습니다.
> "이제 우리에겐 가망이 없어."
> 우리가 외국인들만 상대해야 한다면 우리는 정복되지 않습니다. 그러나 우리 백성이 선교사 편에서 함께 일하게 될 때 하나님의 나라는 반드시 번성하고 결국은 이 땅을 정복하고야 말 것입니다.[10]

수많은 선교 단체가 허드슨 테일러의 통찰력을 지니지 못한 채 이제 막 자라나는 중국 교회의 부모 역할을 계속하려 드는 것은 참으로 가슴 아픈 일이다. 중국이 아직까지 기독교를 서양 종교로 보고 열심 있는 중국 그리스도인을 민족의 반역자요 지배 세력인 서양의 노예로 보는 것은 이상한 일이 아니다. 게다가 당시 중국에는 중국에 기독교인이 한 명 늘어나면 중국인이 한 사람 사라진다는 속담까지 있었다.

1920년대는 중국에서의 선교 사업이 절정인 시기였다.[11] 만 명도 더 되는 선교사들이 중국 각처로 흩어져 들어갔다. 수많은 사람이 온전히 헌신하여 희생을 감수하는 그리스도인이 되었고 하나님께서는 그들을 다양한 방법으로 사용하셨다. 그러나 일단 교회가 중국 내에 뿌리 내리게 되면, 선교사들의 역할이란 자리를 비켜 주어 중국인들 스스로 그들의 성도를 인도하도록 하는 것이었다.

20세기 초 선교사역 가운데 가장 비난 들을 만한 일은 1907년 상하이의 순교자 기념관에서 열린 주요 회의 때 찍은 사진을 통해서 알 수 있다. 그 모임은 중국 기독교의 미래를 계획하기 위해 열렸지만 회의실을 가득 채운 참석자들을 자세히 살펴보면 검은 옷을 입은 서양 선교사들이었다. 충격적이게도, 중국 교회의 미래를 결정하는 이 주요 회의에 부담 없이 참석할 수 있었던 중국인 목사는 단지 몇 사람뿐이었다. 800명이나 되는 외국 선교사들에 파묻혀 중국 목사들은 제대로 알아볼 수도 없을 정도였다. 1907년 회의는 상하이에서 열린 일련의 모임 중 하나로서 1877년까지 거슬러 올라가는 역사를 가지고 있지만 모든 모임을 주도한 사람은 서양 선교사들이었던 것이다.

중국 교회는 선교 시대에 지속적으로 조금씩 성장했다. 그러나 하나님께서 바라시는, 지상에서 가장 큰 민족이 그리스도의 구원을 경험하길 원하시는 정도의 속도와 모습으로 성장하지는 않았다. 그리스도인들은 중국 사회의 주변인 정도로 여겨졌다. 오히려 서양의 갖가지 장식으로 가득했던 교회는 중국의 그리스도인과 그들 주위에 있는 구원 얻지 못한 수백만의 사람들 사이에 신체적, 영적, 문화적 장벽을 쌓아 올렸다.

19세기가 저물어 갈 무렵 영국의 선교 열정은 식기 시작했고 많은 교회 지도자들은 세계 복음화를 잊어버리고 기독교 사역을 자신의 교구에 한정하려 했다. 한 기독교 통계학자는 중국의 서양 선교사들의 사역이 철저하게 실패한 것으로 보고했다. 그는 복음이 전파되는 비율을 볼 때, 출생률과 맞추어 중국에 회개의 역사가 일어나려면 2만 7천 년이나 걸리며, 중국의 인구가 정체된 상태에 있을지라도 그들을 회개시키려면 168만 년 걸릴 거라고 추측하였다.[12]

그러나 하나님은 다른 생각을 가지고 계셨다. 십자가 위에서 승리하신 사랑하는 아들의 영광과 승리의 소식이 지상에서 가장 거대한 나라에 전해지지 않은 채, 중국 백성이 자신의 죄악으로 멸하여 가는 것을 보고만 계시지 않으셨던 것이다.

핍박의 시작과 부흥

> 그리스도를 위하여 너희에게 은혜를 주신 것은 다만 그를 믿을 뿐
> 아니라 또한 그를 위하여 고난도 받게 하심이라(빌 1:29).

1949년 10월 1일 마오쩌둥은 베이징 인민 광장의 단상에 올라 중국 인민 공화국의 탄생을 선포했다.

처음 몇 년 동안 공산주의 정권은 뒤로 물러선 채 교회를 주시했다. 큰 상황의 변화 없이 이 상태가 몇 년간 지속된 것은 많은 그리스도인들에게 놀라운 일이었다. 그러나 마치 먹이를 노려보는 맹수처럼 정부는 교회를 공격할 최적의 때를 기다리고 있었다. 1950년대 초, 마침내 공격은 시작되었고 정부의 박해는 교회를 향한 가득한 분노 아래서 행해졌다. 수백 명의 교회 지도자들이 밤중에 체포되어 끌려갔으며, 수많은 사람이 죽었고 다시는 그들의 소식을 들을 수 없었다. 그렇지 않으면 강제 노동수용소로 끌려가 수십 년을 자신의 목소리 한번 내지 못하고 고통스런 삶을 살았다. 그리고 오랜 세월이 흐른 뒤 풀려난 그들은 이전에 알았던 중국과는 전혀 다르게 변한 중국으로 돌아왔다.

캠벨 모건(G. Campbell Morgan)이 이런 말을 한 적이 있다. "사탄의 첫째 전략은 우리와 함께 협력하는 것이다. 핍박은 사탄의 차선의 방법에 불과하다." 중국의 신실한 그리스도인들이 하나님을 향한 신뢰를 결코 포기하지 않는다는 것을 알고 사탄과 그의 악한 군사는 이 고귀한 보화를 담은 질그릇을 파괴하려 했다.

종교적 자유가 보장된 나라에서 살아가는 많은 성도들은 단지 믿는다는 이유 때문에 선량한 그리스도인들을 무자비하게 핍박하는 권력에 대해 이해하기 어려워한다. 특히 중국의 그리스도인들은 가장 성실히 일하

는 사람들이고 국가의 법을 잘 지키는 백성이기에 외면적으로 볼 때, 중국 정부가 그들을 핍박할 만한 이유는 전혀 없다. 그리스도인들이 집중적으로 사는 지역에는 범죄율이 거의 제로에 가깝고, 설사 이전에 적대감을 가지고 살았던 사람들이라 할지라도 지금은 하나가 되어 화평하게 살고 있다. 그럼에도 불구하고 정부의 핍박은 계속되고 있다.

중국의 고전 가운데 '한비자'(韓非子)라는 제목을 가진 재미있는 책에 그리스도보다 약 500년 전에 살았던 비엔허라는 사람의 이야기가 있다.

비엔허는 커다란 돌 하나를 발견했는데 그것은 잘 닦이지 않아 빛이 드러나지 않은 옥보석이었다. 비엔허는 그것을 황제에게 선물했다. 그런데 단지 커다란 돌멩이 하나밖에 보지 못한 황제는 그가 자신을 속였다고 생각하고 그의 왼쪽 다리를 잘라 버리라고 명령했다. 비엔허는 동일한 선물을 다음 황제에게도 보냈으나 그 역시 단지 돌멩이로만 알고 그의 오른쪽 다리를 자르라고 명령했다. 세 번째 황제가 왕위에오르자 억울했던 비엔허는 황제의 왕궁 앞에서 팔을 감싸 안고 사흘 밤낮을 울었다. 사람을 보내어 연유를 물어본 후 황제는 그 돌을 닦아 보라고 명령했고 그때야 비로소 돌 속에 감춰져 있던 옥보석이 모습을 드러냈다.

이 이야기처럼 언젠가 중국이(그리고 다른 많은 나라들도), 무가치한 돌멩이를 지닌 무식한 집단으로 여겨 고문한 그리스도인들이 사실 그리스도의 구원의 은총을 전해 주고자 보내신 하나님의 선물이란 사실을 아는 날이 올 것이라 믿는다.

1950년대 중국 전역의 그리스도인들을 대상으로 핍박할 때 당국의 끔찍한 만행에는 끝이 없었다. 윈 형제는 핍박이 시작되었던 당시 상황을 이렇게 회고한다.

중국 저장성(浙江省)에 있는 원저우(溫州)라는 도시 한 곳에서만
도 49명의 목사들이 러시아와 국경 지대에 있는 강제노동수용
소로 끌려갔다. 대부분 복음을 전파했다는 죄목으로 최장 20년
까지 징역을 선고받았다. 이들 49명 중 살아 돌아온 사람은 단
한 명이었고 나머지는 전부 옥사했다.

우리 집이 있는 난양 현에서는 그리스도인들이 끝까지 예수님을
부인하지 않는다는 이유로 교회의 벽에 매달리는 십자가형을 당
했다. 어떤 이들은 쇠사슬에 묶여 말이나 자동차에 끌려 다니다
가 죽음을 맞기도 하였다.

어느 목사는 몸이 꽁꽁 묶인 채 긴 밧줄에 매여 있었다. 그가 끝
까지 신앙을 포기하지 않겠다고 하자 격분한 당국은 임시로 만
든 기중기에 그를 달아 허공 높이 끌어올렸다. 박해자들은 반혁
명 분자라고 거짓으로 고소한 수백 명의 증인들 앞에서 목사에
게 신앙을 버릴 마지막 기회를 주었다. 그러나 목사는 "아니요!
난 나를 구원하신 주님을 결코 배반할 수 없소!"라고 외쳤다.
결국 그들은 밧줄을 놓았고, 목사의 몸은 한참 아래에 있는 땅
으로 곤두박칠쳤다.

고문하던 사람들은 고꾸라져 있는 목사의 몸을 살폈다. 아직 숨
이 붙어 있는 것을 확인한 그들은 목사를 다시 공중으로 올렸다
가 떨어뜨려 결국 끝장을 내고 말았다. 그는 이 땅에서는 죽었
지만, 하늘에서는 끝까지 충성한 자의 상급을 받고 영원히 살아
있다.[13]

1953년이 되자 모든 외국 선교사들이 중국에서 추방되었다. 어떤 선
교사들은 강제로 떠나기를 거부했고 이로 인하여 수년 동안 옥고를 치러
야 했다. 생명을 걸고 중국을 섬겼던 수많은 신실한 선교사들이 밖으로
내몰렸고 순식간에 자신의 사역을 강탈당한 것이다. 1950년대 초기의

선교사 회보나 간행물을 읽어 보면 한 가지 확실한 것이 보이는데, 추방당한 선교사들 가운데 그들이 겪은 비통한 경험 속에서 하나님의 손길을 발견한 사람은 극소수에 불과하다는 사실이다. 많은 사람들이 선교사들의 추방을 사탄에게 승리를 안겨 주는 것으로 믿었고 중국 교회의 죽음을 애도하는 선교사들도 많았다. 죽(竹)의 장막 뒤에 남겨진 이제 막 걸음마를 시작한 신자들이, 기독교를 단번에 파괴하려는 전제주의 정부의 무자비한 폭력에 살아남을 길이 없다는 것이 모두의 공통된 의견이었다. 만일 중국의 문호가 다시 개방되면 선교사역은 처음부터 완전히 다시 시작해야 한다는 주장의 글들도 나왔다.

그러나 그렇지 않았다.

역사는 모든 일을 주관하시는 하나님은 절대적인 분이란 사실을 보여 준다. 비록 중국에 일어난 (그리고 계속해서 일어나는) 핍박은 그 성격이 잔인하기 그지없지만, 하나님께서 당신의 신부인 중국이 순결하게 되어 신랑에게 더 큰 영광을 드리도록 준비하기 위해 핍박을 허락하셨다는 증거는 너무나 확실하다.

1950년대 초기에 중국에서 추방당한 선교사 가운데 한 사람인 (이전에 중국내지선교회라 불린) 해외선교회(Overseas Missionary Fellowship)의 데이비드 애드니(David Adeney)는 후에 이렇게 기술했다.

모든 선교사들이 중국을 떠났을 때 서구는 때로 불신앙적인 염세주의의 죄를 범했다. 연약하고 흩어진 교회를 보면서 우리는 실패했다고 생각했다. 물론 헌신된 많은 남녀 그리스도인들과 탁월한 영적 지도자들이 있었다. 그러나 십자가에 못박힌 구원자의 자리를 없애 버리고 사람의 왕국을 선포하며 승리의 가도를 달리는 공산주의의 거대한 물결에 비하면 소수에 불과한 그리스도인들이 무슨 수로 그들과 맞서 살아남을 것인가? 우리가 사랑했던 사람들의 소식이 끊기자 우리의 기도는 가끔씩 드리는 형식적인 기도가 되어 버렸다. 우리 대부분은 지속적인 믿음의 기도에 실패했다. 시험과 극심한 빈곤 가운데 신앙을 지켜 온 충직한 증인들에 대하여 듣는 지금은, 우리의 무기력함과 안락하고 풍요로운 생활 그리고 가난한 자들에 대한 무관심을 질타하는 음성을 느낀다.[14]

끔찍한 핍박으로 인하여 기독교와 관련된 모든 건물은 파괴되었다. 교회 건물은 부숴지거나 몰수되어 창고나 체육관 또는 저장소로 사용되었다. 성경과 찬송가는 불태워졌고 모든 교회 지도자는 사라졌다. 이전의 뜨거운 신앙을 유지할 수 없었던 많은 그리스도인들은 흩어졌고 그리스도를 부인하고 동료 신자들을 배반하는 사람도 있었다. 이러한 가운데에서도 예수 그리스도 앞에 진실하게 남기를 결단한 사람들이 깨달은 것은 그들의 종교적 지도자는 이제 단 한 사람도 없다는 사실이었다. 그들에게 남아 있는 것이라고는 예수 그리스도 한 분 외에 아무것도 없었던 것이다.

오랜 세월이 지나, 그동안 중국을 지켜본 사람들은 기독교가 침묵하는 세월 동안에도 어떻게 하나님께서 중국을 전적으로 통치하고 계셨는지를 볼 수 있었다. 시간이 지날수록, 대부분의 사람들이 교회의 '철저한 패배'라고 여겼던 것들이 바로 '위대한 승리'로 나타났다. 사탄이 교회를 파괴하는 것처럼 보였지만, 실제 일어난 사건은 더 풍성한 열매를 맺기 위한 하나님의 정리 작업이었다. 예수님은 말씀하셨다. "내가 참 포도나무요 내 아버지는 그 농부라. 무릇 내게 있어 과실을 맺지 아니하는 가지는 아버지께서 이를 제해 버리시고 무릇 과실을 맺는 가지는 더 과실을 맺게 하려 하여 이를 깨끗케 하시느니라"(요 15:1-2).

사실 오늘날 중국의 그리스도인들은 공산주의 정부가 기독교를 말살하고자 하는 모든 노력조차도 복음의 급속한 전파를 위한 길이라고 즐거이 설명한다. 1949년 이전에 중국의 기독교는 조직을 거의 갖추지 못했다. 다양한 언어, 문화, 그리고 지형적 장벽이 복음 진보에 큰 방해가 되었다. 그러나 공산주의 정부는 이 모든 것을 바꾸어 놓았다. 정부 정책이 기독교 부흥의 기초를 닦아 놓은 것들을 몇 가지만 소개하면 다음과 같다.

1. 많은 중국의 우상이 문화혁명 때 사라졌다. 수천 개의 사찰과 우상들이 부숴져 수억 명의 사람들 가슴 속에 영적인 공간을 만들어 주었다.
2. 정부가 대대적으로 하나님을 없애고 초자연적 존재를 부인하는 정책을 펼수록, 오히려 사람들이 하나님의 실체와 기적을 인격적으로 체험했고 대중 회심이라는 결과를 가져왔다.
3. 기찻길과 도로와 비행장이 건설되어 전도자들이 이전에 접근하기 어려웠던 지역에도 쉽게 여행할 수 있게 되었다.
4. 표준 중국어(만다린어)가 공식 언어로 채택되어 지금 모든 교육 기관과 미디어에 사용되고 있다. 이전에는 수천 가지의 방언을 사용했기 때문에 복음을 전하는 데 어려움이 많았다.
5. 대규모의 문맹 타파 정책이 시행됨에 따라 수많은 사람들이 하나님의 말씀을 읽을 수 있게 되었다.
6. 방송을 통제함으로써 출판된 글에 대한 갈망과 경외심을 불어넣었다. 기독교 단체들은 이것을 잘 이용하여 수천만 권의 성경과 기독교 서적을 출판하는 한편, 라디오 방송 사역자들은 단파 라디오를 통해 복음을 신속하게 방송했다. 중국의 수백만 그리스도인들은 라디오 사역을 통해 구원을 체험한 사람들이다.
7. 문화혁명 때의 습관을 따라 사람들은 자신들의 비행을 비판하고 자신의 삶을 개혁해야 했다. 이렇게 만들어진 고백 문화는 사람들이 복음을 접했을 때 하나님께 자신들의 죄를 쉽게 회개하고 고백하게 해 주었다.

오늘날 중국의 그리스도인들이 인간의 모든 일을 주관하시는 하나님의 절대적인 통치와 하나님의 주권에 대하여 매우 깊은 인식을 갖고 있다는 사실은 그리 놀랄 일이 아니다. 그들이 이렇게 될 수 있었던 이유는, 자신들을 멸절하려는 체제가 행하는 핍박과 고문을 즐겨서가 아니라 하나님을 만나 그들의 삶에 깊은 변화를 체험했기 때문이다. 또한 이 모든 경험으로 인하여 그리스도인들은 두려움이란 것을 모르게 되었다. 그들은 하나님의 그윽하고 친밀한 사랑을 경험했고 그들 각자는 다음과 같은 진실한 약속을 깨닫게 되었다.

> 내 양은 내 음성을 들으며 나는 저희를 알며 저희는 나를 따르느니라. 내가 저희에게 영생을 주노니 영원히 멸망치 아니할 터이요 또 저희를 내 손에서 빼앗을 자가 없느니라. 저희를 주신 내 아버지는 만유보다 크시매 아무도 아버지 손에서 빼앗을 수 없느니라(요 10:27-29).

중국의 그리스도인들에 대한 통계 수치는 차이를 보이지만 팔천만 내지 일억 명 정도의 개신교 신자가 있다고 믿는 것은 어느 정도 현실을 반영한 숫자이다. 그 밖에도 천이백만 명 정도의 가톨릭 신도들이 등록교회와 불법 지하교회에서 모이고 있다.[15] 오늘날 13억의 영혼이 중국에 살고 있음을 생각한다면 이는 아주 미미한 소수에 불과하다. 그러나 공산주의가 권력을 장악한 1949년 당시 약 칠십만 명의 개신교 신자와 사백만 명의 가톨릭교도들이 있었음을 생각하면 중국의 교회 성장은 기독교 역사상 전례를 찾아볼 수 없는 매우 놀라운 일이다.

중국의 권력자들은 신자들을 멸절하고 유혹하고 속이는 그들의 잔혹한 시도에도 불구하고 어떻게 교회가 끊임없이 성장하고 번성하는지를 지켜보면서 어리둥절함과 놀라움에 사로잡혔다. 영적으로 무지한 그들은 자신들이 대적하고 있는 힘이 그들보다 훨씬 더 강력한 전능하신 하나님이란 사실을 깨닫지 못한 것이다!

중국 선교사였던 데이비드 애드니는 거의 30년간의 침묵을 깨고 1970년대 후반 중국의 철의 장막이 다시 열렸을 때 그가 발견한 사실에 대한 놀라움을 금치 못했다. 대부분의 사람들은 교회가 흔적도 없이 사라져 버렸을 것으로 생각했지만 엄청난 기적이 일어났다는 보고가 들리기 시작했던 것이다! 오직 하나님만이 하실 수 있는 방법으로 중국 교회는 지난 30년 동안의 참혹한 고통을 이겨냈으며, 실제로 성장하고 번성한 것이었다! 20년 혹은 그 이상 옥고를 치른 목사들이 풀려난 이야기, '내 이름을 기억해 줄 사람이 한 사람이라도 있을까' 라는 의구심으로 집으로 돌아갔을 때 일어난 상황에 대한 놀라운 간증들이 그들에게 있었다. 집으로 돌아갔을 때 목사들은 사람들이 매우 긴 세월 동안 자신을 위해 기도했을 뿐 아니라 감옥살이를 하기 전보다 세 배, 다섯 배, 혹은 열 배나 교회 성도들이 늘어난 것을 발견하였다!

《중국 : 교회의 긴 행진》(China : The Church's Long March)이란 책에서[16] 오드니는 시련의 기간을 거쳐 오는 동안 중국 지하교회가 발전해 온 강점들을 다음과 같이 감격스럽게 열거하고 있다.

1. 지하교회는 중국인이 주체가 되는 교회이다. 중국 교회는 서구의 모습을 버리고 자신들의 사역 방식을 발전시켜 왔다. 그들의 역동적인 힘은 자신들의 인습과 전통적 울타리에서 벗어난 자유에서 흘러나온다.

2. 지하교회는 가족 단위로 뿌리내려져 있다. 교회는 중국 사회 구조의 한 부분을 이루고 있으며, 믿음의 공동체는 작은 기독교 가정이 모여서 이루어진다.

3. 지하교회는 본질적이지 않은 것에 마음을 두지 않는다. 우리가 기독교에서 만나는 많은 것들을 오늘날 중국 지하교회에서는 발견할 수 없다. 그래서 그들의 복음을 전하는 태도는 매우 유연하다. 다음은

어떤 신자가 한 말이다.

"과거에 우리는 꽹과리를 울리고 거대한 복음 전도 운동을 벌였습니다. 믿는 사람이 있었지만 그다지 많지는 않았습니다. 이제 우리에게 장비라고는 거의 없습니다. ……그러나 수많은 사람들이 주님께로 나아옵니다."

4. 지하교회는 그리스도의 주 되심을 강조한다. 예수가 몸 된 교회의 머리 되시기에 교회는 다른 어떤 충성보다 주님께 우선적인 순종을 드려야 한다. 교회는 다른 외부 조직으로부터도 어떠한 통제를 받지 않는다. 오직 하나님의 말씀에 순종해야 하며 교회에 비성경적인 행위를 강요하는 시도는 단호히 거부한다.

5. 지하교회는 하나님의 주권을 확신한다. 인간적인 관점에서 볼 때 아무런 희망이 없을 때에도 중국의 그리스도인들은 하나님께서 당신의 능력을 발휘하시고 당대의 역사를 주관하시는 것을 보았다.

6. 지하교회는 하나님의 말씀을 사랑한다. 그들은 성경의 가치를 귀하게 여기고 성경책을 소유하기 위해 희생을 감수해 왔다. 주님에 관한 그들의 지식은 하나님의 말씀을 암기하고 필사해 가는 가운데 더욱 깊어졌다.

7. 지하교회는 기도하는 교회이다. 그들을 멸절하고자 하는 무리들에 둘러싸여 그 누구의 도움도 받을 수 없었던 그리스도인들은 하나님께 자신들을 맡겼으며 오직 믿음으로 하나님께서 자신들의 간구를 들어 주시기를 기대했다. 기도는 하나님과의 교제일 뿐만 아니라, 영적 전투 중 하나님께 도움을 청하는 수단이었다.

8. 지하교회는 돌보고 공유하는 교회이다. 지하교회는 자신의 공동체 안에서뿐 아니라 같은 지역 사람들에게도 사랑을 보여 주고 보살피는 공동체이다. 이러한 사랑은 자발적인 전도를 위한 폭발적인 힘을 만들어 낸다.

9. 지하교회는 평신도 지도자에 의존한다. 수많은 중국 목사들이 감옥

이나 강제노동수용소에 보내졌기 때문에 지하교회는 평신도 지도자에게 의존할 수밖에 없었다. 지도자들은 여러 교회를 다니면서 가르치고 성도의 믿음을 독려하는 데 힘쓰는 각양각색의 모든 사람들로 구성되어 있다.

10. 지하교회는 고난을 통해 정결하게 되어 왔다. 중국 교회가 처음으로 배운 것은 고난은 교회를 세우기 위한 하나님 계획의 일부란 사실이다. 교회의 고난은 교회를 정화하는 역할을 했다. 이름뿐인 기독교라면 문화혁명의 시험을 이겨 내지 못했을 것이다. 사람들은 교회에 들어온다는 것이 고난을 의미하는 줄 알고 있었기에 그들의 동기는 예수 그리스도를 알고자 하는 참된 열망에서 나온 것이다.

11. 지하교회는 전도에 열정적이다. 대중 설교는 허락되지 않았기에 사람들은 그리스도인들의 겸손한 섬김과 친구, 가족간의 친밀한 접촉을 통해서 그리스도를 알게 되었다. 오늘날 중국에서 전도하는 주요 방법은 엄청난 위험을 무릅쓰고 복음을 선포하는 것을 결단한 개인의 삶과 그리스도인의 행동을 통해서 일어난다.

다음 장부터는 세 명의 중국 지하교회 지도자들이 하나님께서 그들에게 주신 사명을 나눌 것이다. 그들의 사명은 복음을 들고 미전도 지역인 이슬람, 불교, 힌두교 나라들로 나아가는 백투예루살렘의 비전이다. 이 세 사람은 동일한 비전을 품은 수천 명의 다른 사람들을 대표한다.

중국 교회의 이 사명은 결코 작은 일이 아니다. 그들은 이 사명을 하나님께서 자신들에게 주신 숙명으로 받아들이고 지난 수십 년간 겪어야 했던 고문과 투옥과 비난을 지상명령을 완수하기 위해 그들을 부르신 하나님의 훈련으로 여긴다.

중국 지하교회 사람들은 백투예루살렘 운동을 매우 소중히 품었으며, 수천 명의 사람들이 이 비전을 위하여 기꺼이 죽음을 각오하고 있다. 여러분에게 이 비전이 실현 불가능한 것처럼 보인다면 중국 교회가 지난

50년 동안 경험한 것을 떠올려 보라. 불가능한 것을 가능케 하는 하나님
을 경험하는 것에 그들은 이미 익숙해져 있다.

제2장
'백투예루살렘 운동' 의 뿌리 *

오직 성령이 너희에게 임하시면 너희가 권능을 받고 예루살렘과 온 유대와
사마리아와 땅 끝까지 이르러 내 증인이 되리라 하시니라(사도행전 1:8).

우리가 중국에서 이 말씀을 처음 읽었을 때 "땅 끝"이 무엇을 가리키
는지 몰랐다. 이 구절은 마치 지구가 평평해서 계속 가다가 허공으로 뚝
떨어지는 지구의 바로 끝까지 신자들이 도달한다는 말처럼 들린다. 그래
서 우리는 이 말씀을 두고 하나님께서 무엇을 의미하시는지를 보여 달라
고 기도하고 묵상했다.

점차로 하나님은 이 말씀이 전 세계 전역에 복음이 전파됨을 말하는
것임을 깨닫게 하셨다. 처음 이 약속을 하실 때 예수님은 예루살렘에서
약간 떨어진 감람산에 서 계셨다(행 1:12). 이 산은 오래된 도시인 예루
살렘 동쪽에 위치해 있으며 가장 높은 꼭대기가 예루살렘의 성전 지역보
다 약 60미터 높은 지역이다. 예수께서 사도행전 1장 18절을 제자들에
게 말씀하실 때 도시 아래를 내려다보고 계셨기에 주님의 말씀이 점진적

---

* 본 장부터는 중국 교회 지도자들이 주요 저자이며 폴 해터웨이는 번역가일 뿐입니다.

인 진행을 보이는 것은 당연했다. '예루살렘'(예루살렘은 그들이 서 있는 바로 아래 지역), '유대'(예루살렘의 서쪽에서 북서쪽에 걸친 지방), '사마리아'(유대 북쪽 지방), 그리고 '땅끝'이다.

즉 예수님은 그의 제자들에게 복음의 불꽃이 처음에 예루살렘에서 타오르기 시작하여 서쪽과 북쪽 지방으로 파급되고 이방 세계의 땅까지 나아가서 마침내 하나님의 이름이 아직 알려지지 않은 민족들에게까지 나아갈 것을 말씀하신 것이 아닐까?

하나님은 교회로 하여금 이방인들에게까지 복음을 전하게 하셨다. 심지어 예루살렘을 유럽과 아시아와 아프리카로 통하는 교차로에 완벽하게 위치하게 하셨다. "주 여호와께서 가라사대 이것이 곧 예루살렘이라 내가 그를 이방인 가운데 두어 열방으로 둘러 있게 하였거늘"(겔 5:5).

사도행전은 정확하게 이러한 방식으로 복음이 선포되는 것을 보여 준다. 성령이 큰 능력으로 신자들 위에 임했을 때 베드로는 목소리를 높여 사람들에게 외쳤다. "유대인들과 예루살렘에 사는 모든 사람들아!"(행 2:14). 성령이 베드로에게 놀라운 권위로 기름을 부으셔서 그 말을 받는 사람들은 세례를 받았고 그날 제자의 수가 삼천이나 더했다고 했다(행 2:41).

이 얼마나 위대한 역사의 한순간인가! 예수 그리스도의 영광의 복음은 이제 막 전 세계 구석구석을 향해 길고도 복된 행진을 시작한 것이다. 마치 모든 부모가 자신의 아들이나 딸이 첫 걸음마를 시작할 때의 장면을 놓치지 않기를 열망하듯이 모든 천사들이 지켜보고 하늘도 숨을 죽였으리라. 교회가 시작되는 바로 그 첫 날, 생명의 역사가 일어나 삼천 명이나 되는 사람들이 구원에 이르게 되었다. 이는 구약에서 율법이 소개될 때 그 첫 날에 삼천 명의 사람들이 죽음에 이른 것과 극명하게 대조된다(출 32:27-28).

주님의 명령을 따르기 시작한 사람들은 첫 단계인 예루살렘에서 위대한 일을 이루었으며, 얼마 가지 않아 대제사장은 예수의 제자들이 "그들의 가르침으로 예루살렘을 가득하게" 했다고 불평을 늘어놓았다(행 5:28). 몇 주가 지나지 않아 성경은 "예루살렘에 있는 제자의 수가 더 심히 많아지고 허다한 제사장의 무리도 이 도에 복종하니라"라고 말씀한다(행 6:7).

많은 그리스도인들이 일이 잘 풀려 갈 때 그 자리에 안주하여 안일함을 추구하고 지금까지 성공한 것을 즐기려 하는 것은 매우 불행한 일이다. 이처럼 복음은 예루살렘으로 스며 들어갔지만 제자들은 이 즈음에서 지상명령이라는 다음 단계를 잊기 시작했다. 결국 복음에 대한 열망을 그들에게 다시 상기시키고자 주님은 약간의 핍박을 허락하셨다. 스데반이 교회의 첫 순교자가 되던 날 "예루살렘에 있는 교회에 큰 핍박이 나서 사도 외에는 다 유대와 사마리아 모든 땅으로 흩어졌다"(행 8:1).

빌립은 그의 사역에서 기적과 이사 그리고 표적을 일으키며 사마리아 땅에서 위대하게 쓰임 받아 그로 인해 많은 사람들이 최근 승천하신 그리스도를 믿는 믿음으로 나아왔다. 잠시 후 하나님은 교회를 핍박하는 사람들 가운데 가장 열심이었던 사울에게 자신을 나타내시기를 원하셨다. 세계 구원이라는 하나님의 네 번째 단계는 장차 사도 바울이라 불리게 될 이 사람의 노력으로 성취될 예정이었다. (시리아의 수도) 다메섹 도상에서 예수를 극적으로 만나자마자 주님은 바울에 대하여 말씀하셨다. "이 사람은 내가 내 이름을 이방인과 임금들과 이스라엘 자손들 앞에 전하기 위하여 택한 나의 그릇이라"(행 9:15).

사도행전의 나머지 이야기는 복음의 불꽃이 로마가 통치하던 나라와 로마 전역으로 그리고 지중해 연안을 따라 많은 지역에 어떠한 경로로 전파되었는지를 기록하고 있다. 주님께서는 그의 명령에 교회가 순종할 수 있도록 당신의 사랑으로 확고하게 도우셨으며, 복음 전파는 얼마 가지 않아 유대인들은 바울과 실라를 두고 "천하를 어지럽게 하던 이 사람들이 여기도 이르렀다"(행 17:6)고 말하는 데까지 이르렀다.

또한 예수님께서 누가복음 24장 46-48절에서 하신 말씀이 성취되고 있었다. "또 이르시되 이같이 그리스도가 고난을 받고 제 삼일에 죽은 자 가운데서 살아날 것과 또 그의 이름으로 죄 사함을 얻게 하는 회개가 예루살렘으로부터 시작하여 모든 족속에게 전파될 것이 기록되었으니 너희는 이 모든 일의 증인이라."

복음이 어떻게 전 세계로 전파되었는지를 살펴본다면 복음의 불은 일반적으로 말해서 서쪽 방향으로 번져 나갔다고 할 수 있다. 남부 유럽에서 복음은 중부, 북부, 그리고 서부 유럽으로 퍼져 나갔으며, 이 복음의 불꽃은 또한 북아프리카에 위치한 지중해 남쪽 연안 국가로 들어가 (오늘날의 알제리 출신) 어거스틴과 (튀니지 출신) 터툴리안과 같은 초대 교회의 위대한 지도자들을 배출해 냈다. 터툴리안이 당시 정치 지도자들에게 한 말은 아직도 중국의 지하교회 그리스도인들에게 회자되고 있다.

대단한 나리들이여! 탐욕스런 당신들의 행진을 계속하시오. 그대가 그리스도인들을 핍박하고 우리를 죽이고 고문하고 비난하고 갈아서 가루로 만들어 버린다면 그대들의 불법은 우리가 선량하다는 증거가 될 것이오. ……이 모든 일이 아무리 교묘하게 이루어진다 할지라도 잔인함으로 그대들이 얻을 것은 아무것도 없소. 우리에겐 약간의 유혹거리에 불과하오. 그대들이 우리를 베어 버릴수록 우리의 수는 점점 늘어날 것이오. 왜냐하면 그리스도인들의 피는 씨앗이니까.[17]

중국 사람들은 터툴리안의 말이 무엇을 의미하는지 이해한다. 중국 정부가 지하교회를 보는 것은 마치 애굽 사람들이 종살이 했던 이스라엘 백성들을 보는 것과 동일했다. "학대를 받을수록 더욱 번식하고 창성하니 애굽 사람이 이스라엘 자손을 인하여 근심하여"(출 1:12).

우리는 그리스도인들이 피를 흘리고 복음을 위하여 수많은 고난을 겪어야만 했던 곳에 일어난, 강력한 부흥의 간증을 끊임없이 듣고 있다.

어떤 지역은 박해가 너무 심해 사탄의 능력이 파괴되고 사람들이 복음의 빛을 보려면 반드시 하나님의 자녀들은 고난을 당하고 피를 흘려야 하는 것처럼 보이기도 한다.

다시 역사의 기록을 따라가 보면, 많은 시간이 흘러 탐험가들과 선교사들이 배로 세계를 개척하기 시작하면서 복음의 불꽃은 아프리카 중남부와 아메리카, 남태평양의 수백 개의 섬들, 호주, 뉴질랜드, 그리고 환태평양의 아시아 여러 지역으로 뻗어 나갔다. 그래서 20세기가 시작될 즈음에는 한국, 필리핀, 중국 동부 지역, 그리고 동남아시아에서 부흥이 일기 시작했다.

물론 이런 흐름에는 많은 예외가 있다. 사도인 도마는 부활하신 구세주의 상처 난 손을 만져 본 후 인도로 복음을 가져간 장본인이다. 그러나 일반적으로 말해서 복음의 불꽃은 서쪽 방향으로 타오른 것을 알 수 있다.

그리고 약 30년 전에 시작된 지속적인 부흥의 불길이 중국의 지하교회에 찾아왔다. 우리는 세계적으로 불어 닥친 하나님의 축복의 불길을 바로 앞에서 목격했으며 수천만 명의 사람들이 그리스도를 믿게 되었다. 또한 우리가 발견한 것은 전 세계에서 복음이 아직 한 번도 침투하지 못한 지역이 모두 중국의 서부와 남부에 위치한다는 사실이다. 우리는 하나님께서 우리에게 그분의 제단에서 불을 옮겨 와 아시아, 중동, 그리고 이슬람권의 북아프리카의 모든 나라들에 하나님의 나라를 건설함으로써 지상명령을 완수하라는 엄숙한 책임을 주셨다고 믿는다. 이 일이 일어날 때 우리는 성경이 말하는 바대로 주 예수 그리스도가 그의 신부를 위해 돌아오실 것을 믿는다. 그때 "우리 살아남은 자도 저희와 함께 구름 속으로 끌어 올려 공중에서 주를 영접하게 하시리니 그리하여 우리가 항상 주와 함께 있으리라. 그러므로 이 여러 말로 서로 위로하라"(살전 4:17-18).

우리는 복음이 예루살렘에서 가장 멀리 전파된다는 말의 의미가, 지구

전체를 한 바퀴 돌고 복음이 시작된 곳인 예루살렘으로 돌아가는 것이라 믿는다! 이 복음의 불길이 지구 전체를 한 번 돌고 나면 주 예수님은 오시리라! "대저 물이 바다를 덮음같이 여호와의 영광을 인정하는 것이 세상에 가득하리라"(합 2:14).

이렇듯 중국 교회의 선교 비전 속에서 바로 예루살렘으로의 회귀를 의미하는 백투예루살렘이라는 이름이 나온 것이다.

지금까지 백투예루살렘 운동에 대한 성경적 근거와 이 복음이 어떻게 역사 속에서 전 세계에 전파되어 왔는지를 잠시 살펴보았다. 이제 1940년대 백투예루살렘 운동의 초기 선구자라 할 수 있는 분들의 노고에 관해 알아보도록 하자.

제3장
'백투예루살렘 운동' 전도대

여호와께서 열방의 목전에서 그 거룩한 팔을 나타내셨으므로
모든 땅 끝까지도 우리 하나님의 구원을 보았도다(이사야 52:10).

1940년대 초 하나님은 산시성(山西省)에 위치한 서북성경학원 (Northwest Bible Institute)에서 공부하던 몇 사람에게 확실한 부르심을 주셨다. 이 학원은 중국을 침략한 일본의 폭격으로 허난성(河南省)을 떠나야만 했을 때, (세계적인 선구자의 손자인) 제임스 허드슨 테일러 2세와 그의 아내 앨리스가 세운 것이다. 그들은 서쪽으로 행진하다 산시성까지 왔고 그곳에서 성경학교를 세우라는 비전을 받았다. 학교를 세울 장소에 대한 기도는 중국내지선교회가 펑샹 근처에 영지를 제공했을 때 응답되었다. 이 아름다운 학교 안에는 단층으로 된 교실과 학생 기숙사 그리고 선교사들의 숙소가 있는데 울창한 대나무 숲과 잎이 무성한 나무들에 둘러싸여 바람에 나부끼는 나뭇잎 소리를 들을 수 있었다.

바로 이 아름다운 환경 속에서 하나님은 이 학원의 부원장이었던 마가 목사가 이끌던 소규모의 그리스도인들에게 확실한 부르심을 주셨다. 하나님은 그들에게 전도의 범위를 무슬림과 불교도 그리고 간쑤성(甘肅省),

칭하이성(靑海省), 닝샤성(寧夏省)에 흩어져 살아가는 중국인들에게로 넓혀 갈 것을 도전하셨으며, 중국 국경을 넘어 이슬람 세계로 나아가 예루살렘까지 돌아가는 비전을 주셨다.

마가 마 목사와 백투예루살렘 전도대의 설립

마가 마 목사는 허난성 사람이다. 그리스도인 부모의 외아들인 그는 오래된 도시 카이펑(開封)에서 공부했고 정부 소속 학교의 선생이 되었다. 그러나 주님께 마음을 열지 못했던 그는, 1937년이 되어서야 비로소 아들의 비참한 죽음 앞에서 찢어진 마음 상태로 갑자기 십자가 밑에 슬픔을 토로하며 주님께 무릎을 꿇었다. 그 후 마가 마 목사는 세상 일을 버리고 감리교 자유성경학교(Free Methodist Bible School)에 들어가 훈련을 받았다. 제임스 테일러 부부가 산시성을 떠날 때 마가 마 목사는 아내와 아이들을 데리고 그들을 따랐다. 그리고 그는 서북성경학원의 창립 멤버가 되었다.

1942년 초에 마가 마 목사는 주님과 함께 깊은 대화를 나누었으며 이 사건은 그의 인생을 영원히 바꾸어 놓는 계기가 되었고, 아직 복음이 들어가지 않은 광활한 이슬람 국가를 향한 복음의 개척자가 되어야 한다는 동기를 발견했다. 그리고 그로부터 몇 달 후, 그에게 다음과 같은 일이 일어났다.[18]

1942년 11월 25일 저녁 기도하던 중 주님이 나에게 말씀하셨다. "신장(新疆)으로 가는 문이 이미 열렸다. 너는 가서 복음을 전하라." 이 음성이 나에게 들렸을 때 나는 두렵고 떨렸다. 순종하고 싶은 마음이 조금도 없었다. 과거에 신장을 위해 기도해 본 일이 한 번도 없었기 때문이다. 더구나 그곳은 가고 싶은 마음이 조금도 없는 지역이었기 때문이다. 그래서 나는 이 문제에

대하여 아내에게 아무런 언급을 하지 않았으며, 단지 기도만 하
였다.

　'새로운 땅'을 의미하는 신장은 중국 북서 지역에 위치한 광활한 곳으
로서 전통적으로 동부 투르키스탄으로 알려져 왔다. 그곳은 수백만의 무
슬림들이 사는 지역이었고 지금도 여전히 살고 있다. 대부분의 사람들은
위구르, 카자크, 키르기스, 그리고 우즈베크 같은 터키 언어군의 말을
사용한다. 다른 이슬람교 그룹으로는 타자크어, 타타르어와 중국어를 사
용하는 회족(回族)이 있다. 신장에는 또한 유목 생활을 하는 수많은 티베
트 불교인들이 거주하고 있다. 마가 마 목사는 신장을 잘 알지 못하였으
며, 그래서 그가 이 땅에 대한 특별한 마음이 없었던 것은 너무도 당연
했다. 그는 이어서 이렇게 고백한다.

　정확하게 5개월간 기도를 해 온 때인 1943년 4월 25일 부활절
　아침, 두 명의 동료와 함께 웨이강(渭江) 둑에서 기도를 하는데
　나는 신장으로 가라는 소명에 관하여 말했고 두 명의 동료 가운
　데 한 사람은 자기도 이미 10년 전에 비슷한 소명을 받았다고
　고백했다. 나는 하나님께서 동역자를 이미 준비해 놓으신 것을
　두고 감사드렸다. 그러고 나서 학교로 돌아왔는데 바로 그날 부
　활절 주일 새벽예배 때 여덟 명의 학생이 신장을 향한 선교의 부
　담을 갖게 된 것을 알았다.

　마 목사가 말하는 1943년 부활절 새벽예배는 수많은 사람들의 삶을
극적으로 바꾸어 놓은 연속적인 사건의 시발점이었으며, 그때 드렸던 기
도의 영향은 오늘날까지도 중국 지하교회에 생생하게 느껴지고 있다. 또
한 당시 마 목사가 예배에 없는 동안 우리는 다른 사람으로부터 다음과
같은 사건들을 들을 수 있었다.

우람한 가지가 무성한 잎으로 머리 위에 그늘을 드리운 시골 정원의 큰 나무 아래, 중국 지도 한 장이 흰 석회로 그려져 있었다. 학생들은 둘러서서 그 지도를 보고 있었으며, 그들은 다시 한 번 북쪽과 서쪽에 있는 거대한 지역에서 이루어져야 할 일에 대하여 듣고 있었다. ……하늘은 동녘으로부터 밝아 왔으며, 가느다란 한줄기 빛이 사라져 가는 밤의 희뿌연 어둠을 몰아가고 있었다. 정원은 고요했고 땅바닥에 놓인 지도의 흰 선이 확연히 그 모습을 드러냈다. 그리고 숨조차 크게 쉴 수 없는 엄숙한 순간이 다가왔다. "주님의 사명을 받은 사람은 자신의 자리에서 일어나 하나님이 부르시는 지역에 가서 서십시오." ……학생들 사이에 약간의 요동이 있었고, 천으로 감싼 발들은 소리 없이 움직였다. 한 사람 그리고 또 한 사람 정원을 지나 지도가 있는 곳으로 걸어갔다. 멀리 수평선에서 태양이 떠올랐을 때 여덟 명의 젊은이들은 신장이라고 표기된 위치에 조용히 서 있었다.[19]

이들은 마가 마 목사의 신장을 향한 소명에 함께 동참하게 된 학생들이다. 하나님과 함께 대화했던 마가 마 목사의 생생한 증언은 계속된다.

나는 매우 기쁘게 그들과 함께 모였다. 우리는 교수들의 동의를 얻어 매주 화요일 밤에 기도 모임을 갖기로 하였다. 5월 4일 밤 우리는 첫 기도 모임을 가졌고 23명이 참석했다. ……5월 11일 우리가 계획하던 선교를 위한 첫 헌금이 들어왔는데 50달러 정도였다.
시간이 지나면서 우리는 모임의 이름을 어떻게 불러야 할지 고민했다. ……5월 23일 아침 우리 선교단의 이름을 두고 금식하며 기도할 때 주님께서 내 마음에 이 성경 구절을 떠오르게 하셨다. "이 천국 복음이 모든 민족에게 증거되기 위하여 온 세상에 전파되리니 그제야 끝이 오리라"(마 24:14).

나는 주님께 물었다. "주님, 이것이 무슨 뜻입니까?" 주님은 대답하셨다. "그 뜻은 이러하다. 나는 중국 교회가 신장에 복음을 전하는 사명뿐 아니라 전 세계에 복음을 전하는 사명을 완수하기를 원한다." 나는 물었다. "오, 주님. 복음이 이미 전 세계에 전파되지 않았습니까?"

그러자 주님이 말씀하셨다. "오순절 역사 이후로 복음의 통로는 대부분 서쪽 방향으로 퍼져 나갔다. 예루살렘에서 안디옥 그리고 유럽 전역으로. 그리고 다시 유럽에서 미국 그리고 동양으로, 중국 동남 지역에서 북서쪽으로 퍼져 나갔다. 그러나 오늘날까지 서쪽의 간쑤성에서부터는 견고하게 세워진 교회가 없었다. 너는 간쑤성에서 서쪽으로 계속 가서 예루살렘까지 복음을 전하여라. 그리하여 복음의 빛이 어두운 이 세상을 완전히 한 바퀴 돌게 하라." 나는 "오, 주님. 우리가 누구이기에 이 엄청난 사명을 감당할 수 있단 말입니까?"라고 물었다. 주님이 대답하셨다. "나는 연약한 자를 통하여 나의 능력을 드러내길 원하노라."

나는 "그곳은 이슬람의 지배 아래 있는 지역이고 이슬람 신도들은 전도하기에 가장 어려운 사람들입니다"라고 말했다. 그러자 주님이 말씀하셨다. "가장 반역한 사람들은 이스라엘 사람들이고 가장 힘들게 추수해야 할 곳은 바로 나의 백성인 이스라엘이다." …… 주님은 계속해서 말씀하셨다. "너를 포함한 중국인들도 너무나 완악했지만, 결국 복음으로 정복되지 않았느냐."

나는 물었다. "오, 주님. 만일 그들의 마음이 그렇게 완악하지 않다면 왜 유럽과 미국에서 온 선교사들이 중국에 그렇게 많은 교회를 세우고도 서부 아시아로의 문을 아직도 열지 못하고 있는 것입니까?" 주님은 이렇게 대답하셨다. "그것은 그들의 마

음이 특별히 완악해서가 아니라 중국 교회가 받을 유업을 위해
남겨 둔 것이란다. 만약 그렇지 않다면 내가 다시 돌아올 때 너
희가 얼마나 가난한 자들로 서 있겠느냐?”
　주님이 우리에게 유업을 남겨 두셨다는 말씀을 듣고 나의 마
음은 감사로 흘러 넘쳤고, 내 입은 끊임없이 ‘할렐루야’를 외쳤
다. 나는 더 이상 주님을 설득하려 하지 않았다.

　1943년 5월 23일 마가 마 목사는 기도 모임에서 이 계시를 보고했
다. 그들은 자신들을 지칭할 이름이 필요하다고 생각했고 ‘편전복음단’
(遍傳福音團)으로 결정했다. 이 이름은 문자적으로 ‘모든 곳에 복음을 전
하는 전도단’이란 의미이다. 믿음의 남녀로 구성된 이 조그만 단체는 중
국에서는 오늘날까지도 이 이름 그대로 알려져 있다. 그러나 선교사들은
이 운동의 영어 이름인 ‘백투예루살렘 전도대’로 부를 것에 동의했다.
　이 전도대의 초기 시절 중요한 역할을 감당했던 선교사들 가운데 한
사람인 헬렌 베일리(Helen Bailey)는 미국 장로교 선교사로서 중국에서
사반세기를 살았던 사람이다. 그녀는 서북성경학원의 영지에서 살았고
학생들과 교수들의 사랑을 깊이 받았다. 그녀는 하나님께서 중국의 젊은
남녀에게 주신 비전을 격려하고 여물어 가게 했다. 그러고도 이 전도대
에 합류할 것을 요청받았을 때 정중하게 거절했다. 이 사명은 하나님께
서 일차적으로 중국 교회에게 주신 것이기에 현지인의 운동이 되어야 한
다고 믿었기 때문이다.
　전도대의 지도자들은 어떤 방식으로든 직접 재정을 요청하지 않고 오
직 하나님께서 그들의 필요를 채워 주시기를 기도하고 신뢰하는 것을 규
정으로 삼았다. 그리고 중국 전역에서는 백투예루살렘 비전에 마음이 동
한 그리스도인들과 감동받고 동참하기를 원하는 사람들에게서 헌금이 들
어오기 시작했다. 다음은 헬렌 테일러(Helen Taylor)가 전해 주는 말이다.

놀라운 방식으로 거의 모든 헌금이 중국 현지에서 재정부로 들어왔기에 그들은 들어온 돈을 모두 써야 한다고 느꼈고, 하나님께서 더 보내 주실 것을 신뢰했다. 수많은 곳으로부터 이 사역의 소식을 들은 중국의 그리스도인들이 아끼지 않고 헌금을 보내왔다. 이 운동이 하나님으로 말미암았다는 것은 확연한 사실이었다.[20]

긴급한 부르심에도 불구하고 1944년이 되어서야 비로소 세 명의 여자와 두 명의 남자가 단기 사역을 위해 간쑤성에 있는 란저우(蘭州)로 떠났다. 1945년에는 두 명의 남자가 복음을 전하기 위해 닝샤성에 있는 후이 무슬림들 사이로 들어갔다. 1946년에 주님은 메카 차오(Mecca Chao, 曹麥加)와 디모데 타이(Timothy Tai, 提摩太)라는 두 명의 남자를 장기 사역을 위해 북서쪽 신장까지 보내셨다.

전도를 위한 소명이 활발하게 펼쳐지기 시작하자 1945년 5월 15일에 업무회의가 열렸다. 이 회의에서 정식으로 회칙을 받아들였고 책임자들을 선임하였으며 백투예루살렘 전도대를 조직하게 되었다. 이 회칙에는 다음과 같은 내용이 있다.

이 단체는 모든 성경을 하나님의 계시의 말씀으로 받아들이는 사람들로 구성되었으며 교단에 속하지는 않지만 교단을 반대하지도 않는다. 우리의 목적은 교제를 통하여 주님의 몸 된 지체들에게 힘을 북돋아 주고 복음을 전함으로써 주님의 재림을 준비하는 것이다. 우리의 사역은 두 가지다.

첫째, 개척사역이며 내용은 다음과 같다.

1) 중국과 경계를 이루는 일곱 지역 : 신장, 내몽고, 티베트, 시

캉(西康, 오늘날 서부 쓰촨[四川]의 티베트 지역), 칭하이, 간
쑤, 닝샤.
2) 아시아와 경계를 이루는 일곱 지역 : 아프가니스탄, 이란, 아
라비아, 이라크, 시리아, 터키, 팔레스타인.

둘째, 이미 존재하는 교회를 양육하고 부흥시키는 일뿐 아니라
전도한 지역에 새로 교회를 세우는 일에 관하여 우리는 성경의
모범을 따른다. 이미 기존 교회가 있는 곳에서는 그 교회들을
섬긴다. 우리는 모든 재정적 필요를 오직 주님 한 분에게만 의
존한다.[21]

마가 마 목사는 언제나 백투예루살렘 전도대의 지도자로 여겨져 왔다.
서북성경학원의 부학장직과 바쁜 전도대의 사역 이외에도 그는 중국 전
역을 다니면서 "교회가 백투예루살렘 전도대를 대신하여 기도와 영적 전
투에 참여해 줄 것을 촉구하고 이 위대한 사역을 섬길 지원자를 모집하
는" 책임까지 맡았다.[22] 다음 마가 마 목사의 말은 이 위대한 소명을 이
루기 위해 헌신된 마음으로 앞을 향해 전진하는 오늘날 중국 성도들의
모습을 잘 보여 준다.

나의 소망은 우리 중국 교회가 굳은 결심과 용기를 가지고 이
위대한 직무를 굳게 잡고 우리의 승리하신 구세주를 의지하여
이 강력한 사역을 완수하는 것이며, 우리의 영광스런 기업을 붙
잡은 채 복음을 예루살렘까지 전파하는 것이다. 그곳에서 우리
는 시온산 정상에 올라 우리 주 예수 그리스도가 영광 중에 구
름 타고 오시는 것을 보리라!

개척자들

1947년 두 명의 남자와 다섯 명의 여자가 신장으로 향하는 긴 서부 여행길에 올랐다. 이들이 지닌 것은 단지 조그만 가방 하나와 세면도구가 전부였다. (세면도구는 그들이 출발하기 전에 찍은 사진에 나타난다.) 이 전도대가 출발하기 전에 발행된 백투예루살렘 전도대 회보에서 그들은 이렇게 기록하고 있다.

일해야 할 때가 왔다!
믿음의 싸움을 시작하라!

이것은 하나님께서 우리에게 하신 말씀이다. 몇 사람이 서북으로 빨리 떠나야 할 것을 하나님께서 지시하셨다. 그래서 우리는 이것이 우리를 향한 하나님의 말씀일 뿐 아니라 즉시 시행되어야 할 긴급한 명령으로 이해한다. 이것은 칼과 피를 부르는 말씀이지만 또한 상급과 찬양을 약속하는 말씀이다. 바로 이것 때문에 이 사명은 약한 자를 두렵게 만들고 강한 자의 피를 솟아오르게 만든다.

주님을 찬양하라! 주님께 이미 부름을 받은 다섯 명의 여인들이 있었으니 이들은 주님의 사명을 따라 이듬해인 1947년 3월 서쪽으로 떠나기로 결심한 사람들이다. 시편 68편 11절의 예언은 우리 가운데 곧 이루어질 것이다. "주께서 말씀을 주시니 소식을 공포하는 여자가 큰 무리라." 그들의 앞길이 험난하다는 것을 알고 우리는 젊은 여인들이 여행할 만한 길이 아니라고 생각했지만 그들 중 한 사람이 말했다. "우리는 그곳까지 미치지 못할지도 몰라요. 아마 도중에 죽을 수도 있겠죠. 그러나 우리는 기꺼이 시온산으로 향하는 대로에 우리의 피를 쏟겠습니다."

······ 이것이 젊은 여인 전도자들이 보여 준 용기였다. 남자들은
무얼 하고 있단 말인가? 형제들이여, 깨어나라![23]

이 여인들은 누구인가? 그들의 이름은 허언쩡(何恩症), 루더(路得), 리
진촨(李近泉), 판쯔지에(范志介), 그리고 웨이쑤시(危笑西)였다. 우리는 그
들의 이야기에 관하여 그리고 어떻게 그들이 그렇게 위험한 여행을 시작
하게 되었는지를 약간 알 뿐이다. 여기서는 그 가운데 세 명에 관하여
간단하게 말하고자 한다.

허언쩡(그레이스 허)이 태어나자마자 그녀의 어머니는 그녀를 하나님께
드렸다. 그녀는 어릴 때부터 성경 이야기를 잘 알았으며 집 안 정원의
여러 장소에 예루살렘, 베다니, 시온산과 같은 이름을 붙여 놓기도 하였
다. 1937년 톈진(天津)에 있는 성경학교를 졸업한 후 열일곱 살 때 그녀
는 주님으로부터 신장에 복음을 전하고 마침내 예루살렘까지 계속 복음
을 전하라는 분명한 소명을 받았다.

전도대 모임에서 그리고 회중이 일어나 기도하는 시간에 그녀는
주님으로부터 온 환상을 보았다. 옆에 있던 모든 환경이 시야에
서 사라지고 광활하고 밝은 광야에 홀로 서 있는 느낌이었다.
멀리서 그녀에게 들려오는 목소리가 있었다. 슬픔에 가득 찬 목
소리, 고통스럽게 도움을 구하는 목소리였다. 주위를 둘러보았
지만 아무도 보이지 않았다. 그저 매우 고통스러운 목소리가 들
려오는 그곳이 칠흑같이 어두울 뿐이었다. 눈을 떴을 때 또 다
른 목소리가 들려왔다. 자비와 동정심으로 가득 찬 하늘에서 들
려오는 소리였다. "어둠에 놓여 있는 이들에게 아무도 복음을
전해 주는 사람이 없다." 거대한 감동으로 다가온 그 목소리에
눈물을 폭포수처럼 쏟으며 그녀는 대답했다. "오, 주님. 제가

여기 있나이다."[24]

그로부터 10년 뒤 백투예루살렘 전도대에 합류한 허언쩡은 중국을 떠나 중앙 아시아와 중동 지역으로 향하기 전 터키어와 아라비아어를 공부하기 위해 중국의 서쪽 끝인 카슈가르(Kashgar, 오늘날의 카스)까지 여행하기로 마음먹었다.

루더(룻 루)는 허난성 펑치우 지방 출신이다. 1940년에 주님을 믿음으로 구원받은 후 잃어버린 영혼을 위한 뜨거운 열정이 일어났으며, 마침내 서북성경학원에 들어갔다. 다음은 그녀가 아직도 생생히 기억하는 일이다.

> 어느 날 무릎 꿇고 기도하던 중 주님은 내 이름을 부르시고 환상 가운데 서북쪽의 황량하고도 처량한 영적 상태를 보여 주셨다. 산 한가운데 계곡에서 생명을 구해 달라고 외치는 수많은 무리의 잃어버린 영혼들을 보았다. 그들은 길을 잃은 채 자신들을 구원해 줄 참 하나님을 어떻게 만나야 하는지 알지 못했다. 하나님의 목소리가 들려왔다. "내 딸아, 네가 기꺼이 가서 그들을 구원해 주겠느냐?" 이 목소리가 내 가슴을 파고들어 왔을 때 나는 조금도 주저하지 않고 대답했다. "오, 주님. 당신의 계집종이 당신의 뜻에 순종하겠나이다."[25]

이 젊은 여인의 소명은 신장의 카슈가르에 가서 언어를 배워 아프가니스탄으로 나아가는 것이었다.

리진촨은 이슬람교 집안에서 태어났다. 그녀는 매우 어렸을 때 부모님을 여의고 할머니와 함께 살았다. 열두 살이 되었을 때 집을 나와 죄악의 생활에 빠져들었으나 스무 살이 되던 해에 예수 그리스도를 처음으로 듣고 믿게 되어 하나님이 주시는 구원을 경험했다. 그 후 1941년, 서북성경학원에 입학했다. 그녀는 3년 후인 1944년, 간쑤성 란저우로 단기 사역을 떠난 일행 가운데 한 사람이었는데 그곳에서 티베트 사람들을 만났으며, 다시 성경학교로 돌아왔을 때 한 가지 사실을 깨달았다.

> 주님께서 갑자기 내 마음을 감동시켜 티베트 사람들의 애처로운 필요가 무엇인지 보게 하셨다. 그때만 해도 나는 하나님의 부르심에 응답할 용기가 없었지만 란저우에서 돌아온 후 그들의 요청이 끊임없이 내 앞에 어른거렸고 마침내 하나님께서 주신 이 도전을 받아들일 수밖에 없었다. 주님께서는 티베트 사람들을 향한 부담감을 내 마음속에 두셨다. 내 가슴 깊숙이 그 선한 부담을 심어 놓으신 것이다.[26]

1947년 3월, 그녀는 티베트를 향한 선한 부담감을 가지고 다른 백투예루살렘 전도대원들과 합류하여 서쪽으로 향했다.

이 개척 전도대원 가운데 두 남자는 쟝 모세와 메카 차오였다. 메카 차오가 가장 자세한 기록을 남기고 있기에 그의 이야기를 집중해서 다루고자 한다.

메카 차오는 중국의 중동부 지방인 허난성 린시엔에서 태어났다. 그가 아이였을 때 부모님은 기근을 면하고자 산시성으로 이주했다. 10대 후반에 차오는 예수 그리스도와의 교제에 들어갔으며 이는 그의 삶을 영원히 바꾸어 놓았다. 그는 하나님의 사랑에 깊이 감동되어 왕 중의 왕이신 분께 그의 삶을 온전히 드리기로 헌신하고, 주님께서 인도하시는 곳이라면 어디든지 가서 그의 주인이 원하시는 것은 무엇이든 간에 순종하기로 약속했다.

구원받은 후 얼마 되지 않아 자신의 진로를 놓고 하나님의 인도하심을 바라며 기도하던 중 그는 환상을 보았는데, 눈앞에 '메카'라고 쓰인 종이 한 장이 있었다. 무슨 뜻인지 알지 못해 동료 그리스도인들에게 그

의미를 물었지만 아무도 그를 도와줄 수 없었다. 이것에 대해 메카 차오는 다음과 같이 간증한다. "이제야 예수님이 진정한 하나님이시며 살아 계신 하나님이란 것을 알아요. 나는 그의 목소리를 들었고 주님은 분명하게 내가 가야 할 길을 보이셨습니다."[27]

믿은 지 일 년밖에 안 되었지만 메카 차오는 중국의 수많은 지하교회 그리스도인들에게 비슷한 방식으로 하나님을 체험하게 했다. 이렇듯 그의 삶은 강력한 영적 전투, 그리고 깊은 회개와 열정으로 잘 알려져 있다.

> 이때 나의 열정은 매우 뜨거웠다. ······ 하나님께서는 나에게 특별한 기도의 능력을 주셨으며, 예배 때마다 우리는 단지 성경 읽고 찬양드리고 기도만 했다. 기도할 때마다 성령님이 역사하셔서 사람들의 마음이 움직였고 눈물로 그들의 죄를 고백했다. ······ 이런 일은 반 년이나 지속되었고 사탄은 더욱 거대한 힘으로 역사하면서 사방에서 나를 공격했다. 특히 내가 기도할 때 사탄은 사악한 힘을 드러내었다. 때때로 무시무시하고 이상하게 보이는 것들로 나를 두렵게 만들어 내가 점점 기도할 수 없게 했다. 마침내 나는 전혀 기도할 수 없는 지경에 이르렀다. ······ 그 후 나는 조금씩 유혹에 빠져 들었고 나의 영적 생활은 점차 식어 갔다. ······나는 세상의 길을 걸었고 좋은 직업과 이익을 얻고자 하는 야망이 하나님의 자리를 차지하고 말았다. ······ 나를 사랑하시는 하나님의 마음에 그렇게도 고통스럽게 상처를 입히고도 불순종한 나는 주님의 마음이 얼마나 슬퍼하셨는지 깨닫지 못했던 것이다.[28]

그 후 몇 년 동안 방탕했던 메카 차오는 중국 군대에 들어가 싸움을 치르며 매일 죽음에 직면하였고 내면의 비참함도 체험했다. 또한 전투 중에 적들에게 사로잡힌 그는 전쟁 포로가 되어 끔찍한 고문과 결핍을 겪어야 했다. 그런데 주님은 고난의 현장에서 마침내 사랑으로 그의 탕자 아들을 부르시고 가슴에 품으셨다. 그 음침하고 고립된 감옥에서 주님은 메카 차오의 영혼을 회복시키기 시작하셨고 그가 어떻게 하나님을 떠났는지를 세밀히 보여 주셨다. 그는 말한다. "나는 주님께 물었다. '오, 하나님. 이것이 바로 '메카'가 의미하는 삶입니까? 이것이 바로 제가 가야 하는 길입니까?'"

주님께서는 그에게 중국에서 무슬림들이 많이 살고 있는 닝샤성의 지도에 관한 환상을 보여 주면서 응답하셨다. 또한 다른 환상에서 그는 자신이 언젠가 가야 할 서쪽으로 난 길고도 밝은 길을 보았다. 다음은 후에 그가 한 말이다.

옥고를 치러야 할지도 모른다는 두려움을 몰아내 주시기 위해 하나님은 나를 돌아보시고 한 줄기 소망을 주셨다. 내가 스물다섯 살에 감옥에서 풀려날 것과 스물일곱 살에 내게 주어진 사명을 감당할 것을 약속하신 것이다. 이 일은 정확하게 이루어졌다. 내가 스물다섯 살이던 오월, 나는 감옥에서 풀려났고 스물여섯 살이던 칠월에는 서북성경학원 학생이 되었다. 그리고 스물일곱 살이 되던 해 나는 복음을 전하고자 간쑤성으로 들어갔고 그 해 여름 내가 환상 가운데 보았던 장소인 닝샤성으로 들어갔다. 이러하니 우리가 어찌 하나님의 신실하심을 의심할 수 있겠는가.[29]

이제 차오의 열정은 말씀과 균형을 이루게 되었다. 그는 하나님의 말씀을 친밀하고도 제대로 알기를 갈망했다. 다음은 그의 간증이다.

칠팔 년 동안의 혹독한 시련의 기간을 보내고 난 후, 때로는 극심한 고난과 위험을 경험하고 나서야 나는 비로소 평안과 안정의 경지에 이르게 되었다. 내 인생의 유일한 보호자 되시는 하늘 아버지의 위대한 힘이 없었다면 나는 이미 오래 전에 먼지와 같은 존재로 돌아갔을 사람이다. 지난 수년 동안 당한 고난으로 몸은 약해졌지만 나의 정신은 내가 고향을 떠날 때, 즉 왜소하고, 두려워하며, 연약한 존재였던 때보다 훨씬 더 강한 사람이 되어 있었다. 할렐루야! 이는 실로 하나님이 그의 아들을 서북 지역에 사용하시고자 내리시는 놀라운 보호였다. 나는 주님께 말했다. "예, 주님. 주님께서 원하시는 대로 저를 사용하시도록 기꺼이 내어드리겠습니다. 당신은 토기장이시며 저는 토기입니다." ……내가 그에게 속한 사람이기에, 주님은 나를 완벽하게 알고 계신다. 주님이 나를 값을 치르고 사셨으니 다시는 나의 계획대로 살지 않으리라. ……그분이 나에게 원하시는 것은 단지 내가 온전히 쓰임 받을 수 있도록 자신의 손에 완전히 맡기라는 것뿐이다.[30]

서북성경학원에서 공부할 때 마가 마 목사는 '메카'라는 이름이 지닌 비밀을 메카 차오에게 들려주었다. 즉 수년 전에 마가 마 목사가 받은 사명이 서쪽으로 들어가서 무슬림들에게 복음을 전하고 사우디아라비아의 메카까지 나아가는 것이라 말해 준 것이다.

하나님이 성경학교 지도자들에게 부여하신 비전이 예루살렘까지 복음을 전하는 것임을 알았을 때 메카 차오는 매우 놀랐다. 그들의 비전과 자신의 사명이 정확히 일치하였기 때문이다. 그러므로 그가 열정적으로 선교에 동참하여 백투예루살렘 운동 전도대에 초기 대원으로 헌신한 것은 그리 놀랄 만한 일이 아니다.

메카 차오와 여섯 명의 개척자들이 떠날 준비를 하고 있을 때 중국 전역의 많은 그리스도인들은 임박한 그들의 출발에 흥분했다. 그들의 계획이 성공하기를 열망하는 기도와 참여하는 사람들의 안전을 기원하는 기도가 끊임없이 드려졌다. 호튼 감독(Bishop F. Houghton)은 이 젊은 개척자들의 신앙의 영향에 관하여 다음과 같이 요약한다.

> 중국 교회는 서북성경학원에서 한 그룹의 사람들이 행진한다는 말에 고무되었다. 백투예루살렘 전도대는 시닝(西寧)에 첫 기지를 내리고 신장으로 나아가 중앙아시아를 거쳐, 결국 예루살렘까지 복음을 전하려는 계획을 세웠다. 하나님의 뜻을 좇고자 자신들을 철저하게 포기하는 태도에서 그들은 이 부르심이 하나님으로부터 왔다는 표징을 보여 주었고, 그들이 보여 준 세밀하고도 실제적인 순종의 태도는 우리에게 허드슨 테일러를 연상시킨다.[31]

신앙으로 똘똘 뭉친 일곱 명의 개척자들은 현재 칭하이성의 수도인 시닝 북쪽으로 480킬로미터를 횡단했다. 거기서 대원들은 수(蘇) 목사를 만났다. 수 목사는 그들에게 시닝의 영적 필요를 가슴에 품고 "잠시 머물면서 아랍어를 공부할 것을" 제안했다. 대원들은 이 제안을 하나님의 뜻이 아니라고 여겼기에 신장을 향하여 서쪽으로 나아가는 그들의 행진에 대한 열망은 조금도 사그라들지 않았다. 그리고 하루 지나 그들은 황위엔에 이르렀다. 그곳에서 메카 차오는 지금의 울란(Ulan)이라 불리는 투란(Tulan)이란 곳까지 (나머지 대원들이 오는 길을 예비하기 위해) 홀로 429킬로미터의 거리를 여행했다. 중국 문명의 마지막 기점으로 알려져 있는 투란은 중앙아시아에서 온 대상(大商)들이 다녔던 정보 교환의 요충지였기에 대원들이 중앙아시아의 이슬람 국가에서 사용되는 언어들을 배울 수 있는 전략지이기도 했다.

메카 차오는 말을 타고 4.8킬로미터를 여행했으며, 신경통으로 극심한 고통을 겪었다. 어느 마을에 들어갔을 때는 "너무 비참한 상태여서 학교와 약국에 들러 선생님과 약사에게 복음을 전하는 것으로 그쳐야 했다."[32]

마가 마에게 보낸 그의 편지에서 우리는 도둑 떼가 횡행하는 이 지역을 지나야 하는 어려움을 엿볼 수 있다. 도착하자마자 메카 차오가 내뱉은 첫 말은 "그 누구라도 하나님의 분명하고 확실한 인도하심이 없는 한 이 길로 오지 마세요"였다. 그가 여정을 설명한 것을 보면 왜 이렇게 말했는지 그 이유를 알 수 있다.

> 이 길에 놓여 있는 어려움과 위험을 생각하기만 해도 머리카락이 곤두섭니다. 오는 길 내내 이곳에는 천막 생활을 하는 티베트인들, 몽골인들, 그리고 이슬람 국가들의 유목지가 있었고, 숙박시설이라고는 하나도 없습니다. 풀이 무성한 황무지와 높은 산, 수많은 야생 동물, 사람을 잡아먹는 티베트 개들, 그리고 살인을 자행하는 도적 떼……길을 따라 굶주려 죽거나 살해당한 수많은 사람들의 시신……매일 밤 나는 아무도 없음을 조심스럽게 확인한 후 길에서 보이지 않는 풀이 우거진 곳으로 조용히 들어갑니다. 그러고는 말에서 봇짐을 내려 하늘을 베개 삼아 잠을 청합니다. 강도들이 쳐들어올까 봐 모기만한 소리도 낼 수 없고 때로는 길을 따라 총성이 들려오기도 했지만, 나는 매우 편안한 안식을 취할 수 있습니다. 그리고 실제로 나에겐 아무런 위험도 닥치지 않았습니다. 여행자들은 모두 총을 지니고 다니지만, 나에게 총이란 오직 기도뿐입니다. ……하나님께서는 '할렐루야의 능력'으로 강도들과 야생 짐승을 몰아내고 모든 어려움을 극복할 수 있도록 역사하셨습니다.[33]

몇 달이 지나 백투예루살렘의 나머지 대원들 모두 서쪽으로 진군하여 투란에서 메카 차오와 합류했고 거기서 그들은 다음과 같이 합의했다.

대원들 가운데 몇몇은 투란에 남아 중국 지하교회와 새로운 선교지의 교량 역할을 할 마지막 거점을 세우기로 했다. 그리고 소규모의 사역자들이 먼저 출발할 것을 합의했다. 많은 사람이 한꺼번에 움직일 때, 통과하는 지역 사람들에게 의심을 불러일으킬 수 있다는 이유에서였다. 정부 허락과 여행 서류를 기다리는 동안 대원들은 대상들의 행로와 가장 경제적인 여행 방법이 무엇인지, 그들이 만나야 할 사람들의 생활 습관이 어떠한지에 관하여 분주하게 알아보았다. 또한 그 사이에도 대원들은 몇몇씩 나누어 전도하러 나갔다.[34]

낙타로 여행하는 것이 버스로 여행하는 것보다 훨씬 경제적이고 위험이 적다는 것을 안 뒤 그들은 낙타를 구입하기로 결정했다. 그 지역 사람들에게 중국 전도자들이 낙타를 사는 모습은 볼만한 웃음거리가 되었고 그 지방 무슬림들과 값을 흥정하느라 전도대의 출발이 두 주나 지연되었다.

1947년 7월 하순에 서쪽으로의 긴 여행을 다시 시작했다. 겨울이 되면 눈 때문에 행진이 불가능할 것이기에 그들은 짧은 여름이 다 가기 전에 서둘러 목적지까지 도착하기를 열망했다. 그 첫 단계로서 축축한 습지와 고지대 산지를 넘는 데 6일이 걸렸다. 신장 국경에 이르렀을 때는 여권이 통과되는 데 며칠이나 걸리는 바람에 꼼짝도 할 수 없었다. 그러나 마침내 허가가 떨어졌고 복음 전도대의 몇몇 용사들은 드디어 "사자의 입 안으로" 들어가게 되었다.

하나님이 마가 마와 메카 차오, 그리고 다른 이들에게 주신 비전은 마침내 이루어졌다. 중국 선교사들이 드디어 타오르는 복음의 불꽃을 가슴에 품고 이슬람 국가로 들어간 것이다.

그 후 몇 달 동안 대원들은 간간이 보이는 작은 마을 이외에 사람 흔적이라곤 찾아보기 힘든 사막 지역을 통과했다. 물 마시는 것도 두려운

일이었다. 물이 있는 곳에서마다 물통을 채웠지만 다시 채우려면 며칠이
지나곤 했다. 수백 명의 여행객들이 이 지역에서 죽어 갔고, 사람들은
물이 없어 갈증에 시달렸으며, 무자비한 도적 떼들에게 가진 것들을 약
탈당하는 곳이었다. 오죽하면 이 사막 지역을 "탁리마칸"(Taklimakan)
이라 부르겠는가! 위구르 말로 적당히 번역하면 "들어간 자 많으나 나오
는 자 적은 곳"이란 뜻이다. 그럼에도 불구하고 백투예루살렘 전도대는
언제나 보호해 주시는 하나님을 확신하면서 계속해서 전진해 나갔다.
　그러나 얼마 후 재난이 다가왔다.

늦추어진 비전

　사막으로 여행한 지 한 달 만에 백투예루살렘 전도대의 낙타 행렬은
정부 관리들과 부딪히게 되었다. 관리들은 그 지역의 정치적 변화 때문
에 전도대원들이 더 이상 여행할 수 없노라고 통보했는데, 그 말은 곧
중국 본토로 돌아가라는 뜻이었다. 기도와 간청에도 불구하고 관리들은
그 어떠한 요구도 들어주지 않았다. 대부분 여자들로 구성된 젊은이들이
탁리마칸 사막을 지난다는 것은 위험하고 어리석은 일이라는 것이었다.
"아무리 설득해도 관리들은 꿈쩍도 하지 않았다. 그들의 목적은 정치적
인 것이 아니며 여행 도중에 놓인 어떠한 위험도 결코 두렵지 않다고 설
득했으나 소용 없었다. 결국 전도대원들은 칭하이로 발길을 돌려야만 했
다."35)
　간절한 기도 끝에 그들은, 칭하이에서 겨울을 나면서 주님의 사역에
힘쓰다가 차후에 다른 길을 통해 신장으로 들어가기로 결정했다. 칭하이
에서도 그들은 전도하는 일을 멈추지 않았으며, 많은 사람들을 주님께로
인도하였다.
　신장으로 가는 길이 열리기를 기다리는 동안 공산당이 중국에서 정권
을 탈취했다. 중국 전역에는 침묵의 장벽이 드리워졌다. 서양 선교사들

은 한 사람도 남김없이 중국에서 추방당했고 통신은 두절되었다. 조직적으로 교회를 말살하고자 하는 계획에 맞서 마가 마, 메카 차오 그리고 허언쩡과 같은 신도들은 결국 '지하'로 들어갔다. 몇 달간 지속된 핍박은 몇 년으로 연결되었고 몇 년은 다시 몇십 년으로 이어졌으며 백투예루살렘 전도대의 비전도 점차 희미해져 갔다. 모든 것이 끝장난 듯 보였다. 마치 그 옛날 이스라엘 자손이 약속의 땅에 거의 도착하여 바로 눈앞에 그 땅을 두고 바라만 보았듯, 1940년대와 1950년대 백투예루살렘 비전은 광야로 내몰아져 하나님께서 그들에게 맡기신 위대한 과업을 이룰 수 있는 더 좋은 시기를 기다려야만 했다.

다시 불붙은 비전

서북성경학원에서 백투예루살렘 사역자들을 일으키고 훈련했던 일원인 헬렌 테일러는 1948년에 전도대가 칭하이성으로 돌아간 후 다음과 같은 기도 요청문을 남겼다.

> 기도로써 이 젊은이들을 도와주시지 않으시렵니까? 지구의 한 귀퉁이에 존재하는 이 흑암의 땅에서 잔혹한 행위와 폭력을 밥 먹듯이 일삼는 악의 세력은 쉽사리 복음의 빛에 굴복하지 않으려 합니다. 그러나 우리가 기도할 때 모든 전쟁에서 한 번도 패한 적이 없는 그분의 깃발을 들고 나아가는 이 성령의 사람들 앞에 마침내 철의 장막이 무너지는 것을 우리는 목도하게 될 것입니다. 누가 기도로써 이들에게 힘이 되어 주시겠습니까?[36]

백투예루살렘 전도대가 본래 가졌던 비전을 성취하기 위해 앞서 간 전도대원들의 발자취를 따라 더욱 철저하게 준비된 그리스도인들이 일어나고 있는 지금, 중국 전역에서 수천 번이나 반복해서 이 기도문이 드려지고 있다.

중국 교회가 이 위대한 부르심을 아직 성취하지 못했다는 이유로 초창기 백투예루살렘의 노력이 수포로 돌아가도록 주님께서 그냥 내버려 두시겠는가? 처음으로 이 비전이 일어났을 때 중국의 개신교인은 백만 명도 채 안 되었고 극소수의 사람들만이 백투예루살렘 비전에 동참했을 뿐이다. 이제 50년이 지나 중국 교회는 대략 8천만 내지 1억으로 늘어났으며, 현재 백투예루살렘의 사명을 위해 구름처럼 신도들이 몰려드는 것은 가히 기적이라고밖에는 말할 수 없다. "이 묵시는 정한 때가 있나니 그 종말이 속히 이르겠고 결코 거짓 되지 아니하리라 비록 더딜지라도 기다리라 지체되지 않고 정녕 응하리라"(합 2:3).

사람의 눈으로 보기에 백투예루살렘 전도대는 실패했다. 그러나 하나님은 당신의 젊은 자녀들의 헌신을 아시며 주님을 향한 그들의 순수한 열정을 뿌리치지 아니하신다. 비록 이 비전이 한동안 묻혀 있기는 했지만 결코 사라진 것은 아니었다.

초기의 전도대 일원들도 사라지지 않았다. 그들은 반세기 동안 계속되어 온 불같은 핍박 속에서도 살아남아 아직도 몇 명은 생존해 있다. 벌써 80이 넘어버린 허언쩡(그레이스 허)은 아직도 신장의 심장부에서 무슬림들과 접촉하면서 누구든지 듣고자 하는 사람들에게 백투예루살렘의 비전을 나누고 있다.

이렇듯 하나님께서는 당신의 자녀들에게 언제나 신실하시다.

제4장
서북성령운동

내가 진실로 진실로 너희에게 이르노니 한 알의 밀이 땅에 떨어져 죽지 아니하면
한 알 그대로 있고 죽으면 많은 열매를 맺느니라.
자기 생명을 사랑하는 자는 잃어버릴 것이요 이 세상에서 자기 생명을 미워하는 자는
영생하도록 보존하리라(요한복음 12:24-25).

산시성에 있는 서북성경학원에서 만난 백투예루살렘 운동 대원들은 하나님께서 서방의 무슬림들에게 복음을 전하기 위해 부르신 유일한 중국 신자들이 아니었다. 또한 그들이 이 운동을 일으킨 첫 사람들도 아니었다. 운동의 시발점의 영예는 1920년대에 결성된 '예수 가정'(The Jesus Family)이라고 불리는 단체로 돌려야 할 것 같다.

예수 가정은 1921년 산둥성(山東省)에서 징띠엔잉(敬奠瀛)이라는 사람에 의해 시작되었다. 구성원들은 자신들의 모든 소유를 팔아 다른 가족들에게 재산을 나누어 주어야 한다고 믿었다. 이 단체의 다섯 글자로 된 표어는 그들의 그리스도를 향한 헌신과 검소한 삶의 모습을 단적으로 보여 준다. 그것은 "희생, 포기, 가난, 고난, 죽음"이다.

예수 가정은 소도시와 촌락을 목표로 삼고 곳곳을 누비며 복음을 전했다. 그들이 보여 준 공동체의 삶과 깊은 그리스도인의 사랑에 많은 사람들은 놀라움을 금치 못했다. 그들의 이러한 삶은 집이 없는 사람들, 가

난한 자들, 멸시받는 사람들뿐 아니라 삶에 대한 해답을 찾는 자들에게도 큰 관심 대상이 되었다. 많은 소경들과 거지들도 예수 가정에 합류하여 그리스도 안에서 영생을 얻었다.

그러나 예수 가정이 점점 커 가면서 그들은 극심한 고난을 겪어야 했다. 이 공동체가 새로운 마을로 들어설 때면 모든 주민들은 일제히 그들을 구타, 경멸, 모욕했다. 그럼에도 불구하고 이러한 반대가 그들을 단념시키지는 못했다. 그들이 복음을 전할 때면 예수를 따르기 위해 자신이 지닌 모든 것을 기꺼이 포기하는 소수의 사람들이 반드시 있었던 것 같다.

예수 가정은 백투예루살렘 비전을 품은 첫 단체였다. 예수 가정의 사역자들은 음식이 담긴 바구니와 생필품을 지니고 걸어서 중국을 횡단했다. 또 1940년대 말경에는 중국 도처에서 약 2만 명의 중국 신자들이 100개가 넘는 여러 종류의 예수 가정 모임에 참여함으로써 중국 여러 지역에 복음을 전할 수 있었다. 만주로 간 신자들이 있는가 하면 내몽고로 간 사람들도 있었고 또 다른 이들은 중국의 남방으로 갔다. 이 모임에 속한 사람들은 한결같이 스스로를 백투예루살렘 비전의 한 부분을 담당하는 것으로 여겼으며, 그들은 서쪽에 위치한 이슬람 나라들로 걸어가며 발로 밟는 곳곳마다 하나님의 나라를 세우기 위해 일하는 복음 중심의 전도단을 기도와 물질로 후원했다.

그러나 시간이 흐르자 예수 가정은 그들의 나아갈 방향을 잃었다. 모든 권한이 징띠엔잉이라는 한 지도자에게 주어졌고, 이에 따라 백투예루살렘의 비전이 극적으로 중앙직권화되었으며, 일반 신자 대부분은 이 비전에 동참하지 못했다. 단체는 분열되고 '서북성령운동'이라 불리는 새로운 모임이 생겨났다. 오늘날 중국 신자들은 이 분열을 두고 여러 가지로 해석한다. 어떤 이들은 그것을 안 좋은 결과로 해석한다. 또 다른 이들은 백투예루살렘의 비전이 흔들리고 있었고 새로운 시작이 필요했기 때문에 주님이 분열을 일으키신 것이라고 여긴다.

어떤 주장이 사실이든지 간에 하나님은 1930년 말 하나님이 부르신 이 사명이 성취될 때까지 모든 것을 기꺼이 버리고 순종하기 원하는 새로운 믿음의 세대를 일으켰다. 그들은 이렇게 말했다. "이제 일어나 십자가를 지고 하나님을 모르는 나라들로 갑시다. 우리가 가진 모든 것을 버리고, 필요하다면 우리의 목숨도 내어놓고 모든 이방인들 중에서 예수님의 이름만이 영광을 받도록 예수님의 이름으로 나아갑시다." 이 모임의 창시자인 장구촨을 포함한 지도자들 대부분은 산둥성 출신이었다.

서북성령운동의 전략은 예수님이 곧 재림하실 것을 믿고 단순하게 복음을 전하는 것이었다. 그들은 각 지방의 사람들을 모집하기보다는 복음전도와 영혼구원하는 데에 모든 노력을 쏟았다. 그럼에도 하나님은 자비하심으로 많은 새신자들을 세우셨고 지금까지도 그 열매가 남아 있다. 그들은 무슬림들인 위구르족, 훈족, 그리고 카자크족을 포함한 많은 민족들을 예수님께로 인도했다.

여러분은 이 운동이 중국을 횡단하는 대규모의 영적 군대가 아니었음을 알아야 한다. 지도권에 있는 넷 혹은 다섯 명의 개인과, 수십 명의 일꾼들이 전부였다. 적은 수에도 불구하고 그들의 비전이 하나로 집중되어 있었기에 서북성령운동은 효과적이었다. 그들은 마치 날카로운 화살촉과 같았고 그들이 남긴 새로운 개종자들은 그 화살의 대와도 같았다.

1940년도에는 백투예루살렘 복음전도단과 서북성령운동 외에도 많은 중국 교회 단체가 만든 여러 개의 비교적 작은 조직들이 있었다. 그 가운데 몇 단체는 티베트 지역까지 나아갔으며 다른 몇 단체는 중국 남서 지역의 소수 민족들에게, 또 다른 몇은 이슬람교 지역까지 나아갔다. 그들의 발단과 활동 분야는 각기 달랐지만, 그들 모두는 스스로를 복음을 예루살렘까지 전하는 거대한 비전의 한 일원으로 여겼다.

충칭(重慶)에 본부를 두고 사역했던 필리스 톰슨(Phyllis Thompson)은 1949년에 이렇게 기록했다.

나를 가장 감동시켰던 것은 각기 다른 모임의 중국 그리스도인
들이 신앙 안에서 복음을 들고 서쪽으로 나아가려는 이상하고도
설명하기 어려운 열정이었다. 나는 중국의 동편에 위치한 자신
의 집을 떠나 모든 것을 버리고 서쪽으로 전진하고자 하는, 서
로 연관성이 없는 여러 모임을 적어도 다섯 개는 알고 있다. 몇
모임은 시캉에 있고, 몇은 간쑤성, 또 몇은 신장의 북서쪽에 위
치하고 있다. 그것은 마치 저항할 수 없는 성령의 움직임과도
같았다. 놀라운 것은 그 모임들 사이에는 아무런 연관성이 없다
는 것이다. 대부분의 경우 서로에 대해 아무것도 아는 것이 없
었다. 하지만 그들 모두는 주님이 그들을 복음전파를 위해 서쪽
국경으로 보내신다고 믿었으며, 시간이 많지 않다는 절박함과
주님이 곧 재림하신다는 긴박한 심정으로 나아가고 있었다.[37]

시몬 짜오

이제 30대 초반에 서북성령운동에서 설교와 전도를 맡은 지도자로 임
명된 한 사람에 대해 이야기하고자 한다.

1918년 6월 1일에 태어난 시몬 짜오는 중국 북동에 있는 랴오닝성(遼
寧省)의 선양(瀋陽) 출신이다. 시몬이 어릴 때 아버지를 여의었기에 어머
니는 아이들을 홀로 키워야 했으며, 어머니는 마을 이장이 유혹하기 위
해 여러 번 찾아왔을 정도로 아주 아름다운 여인이었다. 이장은 늘 값비
싼 선물들을 가져왔으나 그의 어머니는 번번히 그의 접근을 물리쳤다.
결국 그녀의 거절에 지쳐 버린 이장은 어머니를 겁탈하고 말았다.

아직 어린 시몬이었지만 사랑하는 어머니에게 무슨 일이 일어났는지
알고 나서 그는 극심한 분노에 휩싸였다. 그는 나중에 자라면 군(郡)의
지도자가 되어 마을 이장이 어머니에게 한 비행에 대해 정의로 심판하겠
다고 말했다. 그러자 그의 어머니는 "소용없는 일이란다. 군 지도자들도

부도덕한 마을 이장처럼 타락하긴 마찬가지거든"이라고 말씀하셨다.

"그렇다면 군 지도자들보다 더 높은 관리가 되겠어요!"라고 시몬이 소리쳤다.

"그것도 소용없단다. 성 지도자들도 군 지도자들과 마찬가지란다."

"그렇다면 성 지도자들보다 더 높은 지도자가 될 거예요!"

"다시 말하지만 애야, 소용없는 일이다. 황제도 마찬가지란다."

시몬은 비통하고 화난 심정으로 어머니에게 물었다. "그렇다면 황제보다 강한 사람은 누군가요? 정의의 심판을 위해 누구에게 가야 하나요?"

그의 어머니가 대답했다. "오직 하나님만이 정의롭단다, 내 아들아."

"그렇다면 난 신이 되겠어요!" 열광적인 소년은 이렇게 결론을 내렸다.

시몬의 가슴 속에 남은 상처는 쉽게 아물지 않았다. 십대에 그는 작가의 길을 추구했고 그의 글 솜씨를 이용해 지역 신문에 마을 지도자였던 이장의 죄를 폭로했다. 하지만 그의 분노는 가라앉지 않았다.

그런데 몇 년 후 시몬 짜오는 드디어 하나님을 만났고, 그는 자신이 더 이상 어머니를 범한 그 사람을 미워하거나 그에게 복수하려 하지 않는다는 사실을 깨달았다. 이미 그의 인생의 목표는 바뀌어 있었고 이제 그가 원하는 것은 오직 복음을 전하는 것과 하나님의 영광을 드러내는 것뿐이었기 때문이다.

선양에서 열린 어느 기도 모임에서 주님은 시몬에게 비전을 보여 주셨다. 때는 매우 추운 겨울이었다. 밖에는 눈이 많이 쌓여 문을 열 수 없을 지경이어서, 신자들 모두는 기도를 하던 집 안에 갇혀 버렸다. 세 명의 신자들이 중국 지도를 놓고 기도할 때 주님은 그들의 생각을 신장 북서쪽으로 향하게 했다. 그들은 그 지역 위에 손을 얹고 더욱 간절하게 기도했다. 그 전까지 그들은 한 번도 외딴 북서쪽에 복음을 전파하는 것에 대해 신중히 고려해 본 적이 없었다.

후에 시몬은 신장과 그 너머 지역으로 복음을 전파하라는, 그와 동일한 비전을 받은 다른 그리스도인들을 난징(南京)에서 만났다. 나중에 시몬의 아내가 된 원무링이라는 젊은 여성도 그들 가운에 있었는데, 그녀는 청왕조 황실 간부의 4대손이었다.

세 팀이 그 비전을 위해 떠났다. 첫번째 팀이 신장에 닿았고 시몬 짜오의 팀이 그 뒤를 따랐으며, 산둥성 쯔보 출신의 쥬캉건이 이끄는 세 번째 팀이 1949년 중국 공산주의 출현 이후 처음으로 도보로 신장에 발을 내딛었다.

시몬 짜오와 그의 아내가 이끄는 팀은 남경을 떠나 산시성을 통해 신장으로 향했다. 대부분의 길은 걸어서 갔지만 걷는 것이 불가능한 사막에서는 말, 낙타, 혹은 차량을 이용해 옛 소련과 국경을 이루고 있는 북서쪽으로 계속 나아갔다. 그때는 중국 역사상 내전과 내부 혼란으로 매우 불안했기에 그들은 가는 도중 많은 군인들에게 그리스도의 복음을 전할 수 있었다.

마침내 그들은 신장의 서쪽 끝에 위치한 하미(哈密)에 도착했고 한 해 혹은 두 해 전에 그곳에 도착한 서북성령운동 멤버들과 합류했다. 새로운 땅에 복음 전하기를 간절히 원했던 시몬 짜오는 1950년 겨울에 다섯 명의 동료 사역자들과 함께 신장 남쪽 끝에 있는 오아시스 마을 허티엔으로 향했다. 하지만 그들이 도착한 지 2주 후, 공안국에서 떠나라는 명령을 받았다. 그들은 1949년 9월에 서북성령운동 복음 전도단이 전도 기지를 설치해 두었던 카슈가르 지역, 즉 더 서쪽으로 밀려나야만 했다. 그들이 도착한 1950년 1월은 아주 혼란스러운 상황이었으며, 복음 전초기지는 반혁명 사건이 있었다고 주장하는 무장 군인들에게 장악 당한 후였다. 시몬 짜오는 무엇을 어떻게 해야 할지 도무지 갈피를 잡지 못했고 며칠 후 체포되어 감옥에 갇혔다.[38]

서북성령운동의 모든 멤버들은 각기 다른 기간의 형량을 받고 감옥에 수감되었으며, 다섯 지도자들에게는 더욱 가혹한 판결이 내려졌다. 시몬 짜오만이 그 감옥에서 유일하게 살아나온 사람이었다. 그들이 체포되었을 때 그의 아내는 임신 중이었으나 곧 유산을 했다. 1959년 그녀가 여성 감옥 안에서 죽었으나 1973년이 될 때까지 아무도 시몬에게 그 사실을 알려 주지 않았다.

카슈가르 감옥 노동수용소에서 처음 몇 주와 몇 달 동안 교도관들은 시몬이 믿음을 저버리도록 하기 위해 온갖 노력을 기울였다. 하지만 그들은 곧 그것이 먹혀들지 않을 것임을 깨달았다. 그들은 시몬에게 기도하지 말라고 명령했고 기도할 때마다 그를 구타했다. 그러나 시몬은 기도를 멈추지 않았고 아무도 보지 않을 때 몰래 기도하는 법을 익혔다.

얼마 후 감옥 관리는 그의 기도하는 모습이 보이지 않자 그가 바뀌었다고 생각하고 교도소 신문에 공산주의 체제의 개혁 능력을 찬양하는 칼럼을 쓰라고 명령했다.

그는 기사를 쓰기 시작했고 교도소 관리들은 매우 만족해했다. 하지만 그들은 그가 쓴 기사를 보자마자 분노로 날뛰었고 자신들이 농락당했다는 사실을 깨달았다. 그의 기사는 다름아닌 예수님의 아름다움을 그린 단시와 십자가 그림이었던 것이다.

교도관들은 그를 묵중한 나무 의자로 내리쳤으며, 발로 무자비하게 걷어찼다. 지방 관리들은 그의 형벌 기간을 늘렸고, 비인간적인 조건과 고된 일 때문에 대부분 6개월 안에 죽어 나가는 탄광으로 보내어 일하게 하였다. 그는 작고 약한 사람이 들기에는 절대 불가능한 몇 톤의 석탄을 매일 캐내야 했으며, 등에 광주리를 진 채 그 석탄들을 탄광 밖으로 운반해야 했다.

수감자들은 하루 14시간, 일주일에 7일을 일했다. 음식은 부족했고 역겨웠다. 여름에는 찌는 듯한 더위 속에서 일해야 했고 겨울에는 영하로 내려갔다. 시몬 짜오의 삶은 하나님께서 지켜 주시는 힘이 어떠한지를 보여 주는 살아 있는 기적이 되었다. 시몬보다 튼튼했던 수백 명의 동료 죄수들이 그 탄광에 온 지 몇 달 되지 않아 죽어 나갔기 때문이다.

여러 해 동안 시몬은 많은 동료 죄수들에게 복음을 몰래 전했고 여러 명이 신앙을 받아들였다. 그 노동수용소에는 몇몇의 기독교 목사들이 있었지만 관리들이 그들을 각각 다른 방에 수감하고 다른 작업에 배치했기 때문에 시몬이 그들을 볼 수 있는 시간은 아주 잠시밖에 없었다. 감옥에 있는 동안 시몬은 철저히 갇혀 있었고, 아무도 그를 면회할 수 없었다. 그는 집에서 수천 킬로미터 떨어진 외딴 이슬람 국경마을에 있는 그를 아무도 기억하지 못할 것이라고 늘 생각했다.

절대 그를 떠나거나 버리지 않겠다고 약속한 신실하신 주님만이 함께 하셨고, 사람들 사이에서 시몬은 철저히 홀로였으며 잊혀진 사람이 되었다. 나라 반대편에 있는 그의 집 랴오닝성의 친척들은 그의 생사를 모른 채 몇 년이 지나고 또 몇십 년이 지나가자 더 이상 그에 대해 생각하거나 기도하지 않았다.

결국 백투예루살렘의 비전은 완전히 땅속에 묻혀 버렸고 그 씨는 사라져 버렸다.

후에 시몬은 그 어려운 시절에 별을 올려다보며, 하나님이 자신과 동역자들에게 주신 '걸어서 예루살렘까지 복음을 들고 가는 비전'을 마음에 품었던 시절을 떠올렸다. 그의 아내와 태아가 죽었다는 소식은 들었으나 다른 동료 사역자들은 어떻게 되었는지 전혀 알 수 없었다. 감옥에 있는 처음 몇 해 동안은 교도관들이나 동료 죄수들이 보지 않을 때만 기도할 수 있었다. "주님, 저는 절대 예루살렘으로는 가지 못할 것입니다. 하지만 그 비전을 완성시킬 중국의 새로운 세대를 일으켜 주시기를 간구합니다." 시간이 흘렀다고 그 비전을 주신 주님을 부인하지는 않았다. 하지만 시몬 역시 백투예루살렘 비전에 대한 뜨거움과 열정을 서서히 잃어 가고 있었다.

탄광에서 지내는 여러 해 동안 지속된 고난으로 인하여 거의 반죽음 상태가 된 시몬을 감옥 관리들은 신장의 다른 지역에 있는 화학 공장으로 보냈다. 그곳은 화학 공장이긴 했지만 죄수들을 주 노동력으로 사용하고 있었다.

그러나 화학 공장에서의 일 역시 매일같이 독가스나 해로운 화학품에 노출되어 있었기 때문에 전보다 그리 나은 것이 아니었다. 게다가 그는 매일 저녁 구타가 계속되는 감옥으로 돌아가야 했다. 대부분의 구타는 동료 죄수들이 자행했다. 교도관들이 다른 죄수들의 행동을 보고하는 죄수에 대한 보상으로 그들에게 있는 욕구불만을 서로에게 퍼붓도록 유도했던 것이다. 감옥 관리들이 그 어떤 방법으로도 무너뜨리지 못해 증오하였던 그리스도인 시몬 짜오는 감옥의 난폭자들에게 쉽게 공격의 목표가 되었다.

하지만 하나님은 결단코 그를 잊어버리지 않으셨다. 어느 혹독한 겨울날, 교도관들은 시몬을 난방이 된 방에 들이지 않고 속옷을 벗긴 채 눈밭에 서 있도록 하였다. 그리고 시몬을 문밖으로 밀어내면서 이렇게 조롱했다 "너는 하나님을 믿잖아. 너를 따뜻하게 보호해 달라고 기도하지 그래!"

처음 몇 분 동안 면도날처럼 차가운 바람이 그의 살을 에었다. 시몬은 주님에게 긍휼을 베풀어 달라고 부르짖었다. 그러자 아주 놀라운 일이 일어났다. 갑자기 엄청난 온기가 느껴지며 사우나에 있는 것처럼 땀이 나기 시작했다. 그리고 발 주변의 눈이 그의 몸에서 뿜어져 나오는 열기로 녹기 시작했다. 시몬은 곧 동료 죄수들에게 소리쳤으며, 창밖을 내다본 그들은 자신의 눈을 믿을 수가 없었다. 그의 몸에서 수증기가 뿜어져 나오고 있었던 것이다!

하지만 그런 극적인 기적은 흔하지 않았고 그는 다시 고통 받았다. 그는 수백 번이 넘게 잔혹한 구타를 당했다. 대부분의 죄수들은 신장의 대표적인 이슬람 민족인 위구르족이었다. 위구르족 죄수들이 증오하는 '돼지를 먹는' 중국인인 시몬은 잔혹하게 당할 수밖에 없었다. 그는 후에 위구르족들이 그를 구타한 장면을 "마치 염소를 죽이기 전에 둘러싸고 달려들어 때리는 것같이" 가격했다고 설명했다.

한번은 매우 심하게 구타당하고 발에 채여 두개골이 부서진 상태로 의식을 잃고 쓰러진 적이 있었다. 의식을 잃은 상태에서 그는, 주님이 그에게 다가와 다정하게 말씀하시는 환상을 보았다. "내 아들아, 나는 너와 함께 있단다. 나는 너를 결코 떠나거나 버리지 않을 것이다." 의식을 차렸을 때 그는 자신이 얼마나 오래 쓰러져 있었는지 알지 못했다. 매우 어지러웠고 자신이 있는 곳이 어딘가 했다. 그리고 부서졌던 두개골 부분을 만졌을 때 마른 핏자국은 남아 있었지만 상처는 기적적으로 사라졌음을 발견하였다.

시몬 짜오가 감옥에서 보낸 31년이라는 세월의 대부분은 늘 구타로 점철되어 있었다. 그리고 이제 노인이 된 시몬 짜오는 60대의 마지막 몇 해에 이르러서야 비로소 구타로 얼룩진 육체적 고통에서 벗어날 수 있었다.

오랜 감옥생활 중에 그는 이런 시를 썼다.

십자가의 예수님이 겪은
동일한 아픔과 고통, 경험하길 원하네
옆구리의 창과 가슴의 고통
바로의 전차에 몸을 싣고 이집트를 누비기 보다는
발에 닿는 족쇄의 고통, 간절히 느끼길 원하네.

1981년 어느 날, 교도소장이 그에게 사무실로 오라고 명령했다. 혹 어떤 문제라도 생긴 것은 아닌가 하고 겁을 먹은 채 복도를 걸어가던 그는 더 이상 형벌이 늘어나는 일은 일어나지 않기를 간절히 소망했다.

교도소장은 시몬에게 앉으라고 말한 후 담배를 피며 두꺼운 서류철을 뒤적거렸다. 그리고 마침내 입을 열어, "중국 인민 공화국 정부는 너에게 자비를 베풀고 네가 이 나라를 상대로 저지른 죄에 대해 관용을 보이기로 결정했다. 너를 풀어 주라는 명령이 떨어졌다. 이제 너는 자유다"

라고 말했다.

하나님의 사람 시몬은 다소 멍한 상태로 감방으로 돌아왔다. 그는 이런 날이 올 것이라고 전혀 기대하지 못했던 것이다.

1950년 처음 체포되었을 때 그는 30대 초반의 활기에 찬 남자로서 인생의 절정기에 있었다. 또한 그의 아름다운 아내는 첫아이를 임신하고 있었다. 하나님은 위험과 많은 도전에도 불구하고 예루살렘으로 복음을 들고 가는 일에 그를 불렀고, 그의 삶은 보람으로 가득 차 있었다. 하지만 31년이 지난 지금, 그는 백발의 머리와 수염을 가진 60대의 늙은이었다.

시몬은 감옥 문을 지나 그가 알고 있던 중국과는 전혀 다른 세계로 나섰다. 그는 마오쩌둥이 통치한 처음 몇 달을 제외하고는 감옥 밖의 삶에 대해 본 적이 전혀 없었으며, 마오쩌둥의 죽음조차 보지 못했다. 1966년에서 1976년까지 수십만 명의 사람들이 난폭한 붉은 군대에 의해 살해된 문화혁명도 그는 보지 못했다. 이제 그는 약하고 늙은 노인일 뿐이었다. 그의 몸은 수십 년간의 구타와, 고문, 심한 노동으로 인해 심히 상해 있었고 그의 얼굴은 30년이 넘는 사자굴에서의 분투로 깊게 패어 있었다.

게다가 중국의 어느 곳에서도 그를 기다리는 사람은 없었다. 그가 31년 전에 알았던 사람들은 이미 죽었거나 그를 잊은 지 오래였으니, 갈 곳도 만날 사람도 없었다. 시몬은 어디로 가야 할지 알지 못했다. 돈도 친구도 없었으며, 도시로 가는 버스도 탈 수 없었다.

노동수용소가 그의 인생에서 가장 익숙한 부분이 되어 버린 그는 교도소 입구 근처에 임시 오두막을 짓기로 결심했다. 축축하고 추운 오두막에 누워 있을 때 그는 가끔 자신의 젊은 시절과 하나님이 주신 소명을 생각했다. 인생에서 그는 하나님께 신실하게 순종하려고 노력했지만 일이 잘 풀리지 않았다. 그에게는 이 세상보다 천국이 훨씬 나은 곳이었다. 오랫동안 경험한 아픔과 혼동이 천국에서는 사라질 것을 알았기에 빨리 죽기를 소망했다.

그는 몇 달 동안 조용히 그곳에서 살면서, 고통의 시간 동안 신실하셨고 절대 그를 버리지 않으신 왕의 왕 주의 주이신 하나님께 감사 기도를 드리는 일만 했다. 만일 예수 그리스도가 없었다면 이미 천 번도 넘게 죽었을 것을 시몬은 알고 있었다. 살아 계신 그리스도가 그를 온전하게 지켜 주셨으며 하나님에 대한 믿음을 배반하지 않도록 도와주셨다. 시몬은 세상에서 아무리 외로워도 예수님이 친구로 함께하신다는 사실을 늘 잊지 않았다. "어떤 친구는 형제보다 친밀하니라"(잠 18:24).

그런데 얼마 후 카슈가르 지역의 그리스도인들이 시몬 짜오에 대해 알게 되었고 그의 간증을 듣게 되었다. 간증을 듣고 난 후 존경심으로 가득 찬 그들은 늙은 성자에게 음식과 성경을 갖다 주며 할 수 있는 한 그를 돌봐 주었다. 결국 시몬에 대한 소식은 신장에 있는 교회들을 통해 널리 퍼졌고 복음을 위해 31년간을 감옥에서 하나님의 능력으로 버텨 온 기적의 남자가 있다는 소식이 중국의 다른 지역에도 전해지게 되었다.

1960년 후반부터 하나님은 허난성에 성령을 쏟아 부으셨고 수십만 명의 사람들이 하나님의 구원을 경험했다. 허난성은 중국 부흥의 중심지로 알려졌고 '중국의 갈릴리'—예수님의 제자들이 나온 곳—라는 이름도 붙었다.

허난성의 많은 지하교회 지도자들은 1940년대에 일어났던 백투예루살렘 운동의 초창기 사역자들에 대해 듣게 되었다. 우리는 초창기 사역자들의 자세한 상황에 대해 어느 정도 대략 알고 있었지만, 상부 지도자들 중 한 사람이었던 시몬 짜오가 감옥 밖에 있다고 듣고는 그를 만나 그에게 배우기를 원하였다.

동료 사역자들 몇 명이 카슈가르에서 사역하고 있었다. 그들은 시몬 짜오를 만났고 그에 관한 이야기를 편지로 알려 주었다. 카슈가르에 있는 교회 식구들은 그를 친아버지처럼 사랑했고 그와 교제하는 것을 즐겼다. 그는 몇십 년 동안 다른 신자들과 교제할 기회를 빼앗겼지만 이제 주님은 그를 진심으로 존경하는 영적 아들과 딸들을 보내 주셨다. 여성 도들은 그를 위해 요리를 했고 그의 옷을 세탁하며 할 수 있는 한 정성 껏 돌봤다. 사람들은 그를 하나님의 천사인 것처럼 대접했다.

마침내 지하교회 지도자들 한 무리가 시몬 짜오를 직접 만나기 위해 기차와 버스로 중국을 횡단했다. 일주일이 넘는 여행 끝에 우리는 카슈 가르에 도착했고, 주님 앞에서 심령이 부서진 겸손한 하나님의 종을 만 날 수 있었다.

그때 우리는 지하교회 신자들을 격려하기 위해 잡지를 발행하고 있었 다. 시몬 짜오는 기사를 쓰거나 그의 간증을 나누기를 꺼려했다. 우리는 지금 세대의 중국 신자들이, 주님이 시몬으로 하여금 어떻게 그 많은 고 통의 시간을 이겨내게 하셨는지 배워야 한다고 설득했다. 그러나 그는 항상 "어떤 이목도 내게 집중되는 것을 원하지 않는다"며 우리의 제의를 거절했다.

1950년대, 60년대, 70년대 그리고 80년대까지 백투예루살렘에 대 한 적극적인 이야기가 없었다. 중국의 그리스도인들에게 너무나 어두운 시기였고 이 기간을 거치면서 믿음을 보존하는 일에 우리의 모든 에너지 와 기도를 소비해야만 했기 때문이다.

그런데 드디어 1990년대 초반, 시몬 짜오가 허난성에 와서 간증을 함으로써 50년 전에 하나님이 그에게 주신 비전을 지하교회 성도들이 이어가도록 불길을 일으키는 것이 얼마나 중요한 일인지를 하나님은 보 여 주셨다!

그 전에 우리는 시몬이 간증을 고려해 보도록 기도하면서 그를 설득하 기 위해 드보라 수(이 책의 저자 중 하나인 수 형제의 여동생)를 기차와 버스 로 카슈가르까지 보냈다. 이 일의 성공을 위해 그녀가 떠나 있는 동안 우리는 매일 주님께 기도했다. 처음에 시몬 짜오는 주저했다. 그는 "주 님이 예루살렘으로 돌아가라고 저를 불렀고 적어도 지금 이곳 신장에 있는 한, 저는 예루살렘으로 가는 도중에 있습니다. 그런데 무슨 이유로 제가 다시 예루살렘에서 가장 멀리 떨어져 있는 동쪽으로 돌아가겠습니까? 카슈가르에서 생을 마감할 수 있도록 저를 그냥 놓아 주십시오"라고 말했다.

드보라는 주님의 일이라면 매우 집요한 자매였다! 그의 거절을 조금도 개의치 않고 허락할 때까지 시몬을 좇아 다니며 사랑하는 마음으로 허난성으로 갈 것을 반복해서 부탁했다. 그녀는 전투가 진행 중인 전방에서 그를 빼내 가려는 의사는 전혀 없다고 안심시키며, 백투예루살렘 사명으로 중국 교회의 불길을 일으키기 위해 훈련과 준비가 필요한 수천 명의 군사들이 기다리고 있는 곳으로 돌아가기만을 원한다고 말했다. 드보라는 시몬이 가서 단지 그의 삶에 일어난 이야기만 전해도 비전은 몇 배로 늘어나게 될 것이며 수천 명의 새 군사들이 전방에 배치되어 싸울 수 있게 될 것이라고 설명했다.

마침내 시몬 짜오는 허난성으로 함께 돌아가지 않는 한 이 자매가 자기를 내버려 두지 않을 것을 깨달았다. 그리고 이 자매에게 이토록 집요한 끈질김을 주신 분이 다름아닌 주님이시라는 사실을 깨달았다! 특히 주님은 그가 중국 동부로 돌아가는 것을 두고 기도했을 때 매우 인격적인 말씀, 즉 그가 겪은 모든 고통과 외로움을 아물게 하는 성경 구절을 통해 그에게 확신을 주셨다.

"잉태치 못하며 생산치 못한 너는 노래할지어다 구로치 못한 너는 외쳐 노래할지어다 홀로 된 여인의 자식이 남편 있는 자의 자식보다 많음이니라 여호와의 말이니라 네 장막터를 넓히며 네 처소의 휘장을 아끼지 말고 널리 펴되 너의 줄을 길게 하며 너의 말뚝을 견고히 할지어다 이는 네가 좌우로 퍼지며 네 자손은 열방을 얻으며 황폐한 성읍들로 사람 살 곳이 되게 할 것임이니라 두려워 말라 네가 수치를 당치 아니하리라 놀라지 말라 네가 부끄러움을 보지 아니하리라 네가 네 청년 때의 수치를 잊겠고 과부 때의 치욕을 다시 기억함이 없으리니 이는 너를 지으신 자는 네 남편이시라 그 이름은 만군의 여호와시며 네 구속자는 이스라엘의 거룩한 자시라 온 세상의 하나님이라 칭함을 받으실 것이며"(사 54:1-5).

중국을 횡단하는 나흘의 기차 여행 동안 우리는 그에게 침대칸은커녕 좌석조차 내 줄 돈이 없었다. 그래서 그는 기차 바닥에 신문지를 깔고 그 위에 쪼그리고 누워야만 했다.

허난성에 도착해 그곳 성도들에게 말씀을 전했을 때 그 메시지는 참으로 강력했으며 모든 사람들의 가슴속에 커다란 불길을 일으켰다. 눈물이 넘쳐 흘렀고 수천 명의 신자들이 감동을 받아 선교사역에 대한 비전을 받았다. 게다가 시몬 짜오의 독특한 외형은 그의 사역에 도움을 주었다. 하얀 긴 수염과 백발의 머리 때문에 마치 고대의 현자처럼 보였던 것이다.

많은 지하교회 지도자들에게 백투예루살렘의 비전은 아주 분명해졌고 하나님은 우리에게 그 비전을 성취하기 위한 거부할 수 없는 부담감을 주셨다.

시몬 짜오는 2001년 12월 7일, 마침내 주님과 영원히 함께하기 위해 이 세상을 떠났는데 당시 83세였다. 그는 허난성 핑띵산(平頂山)에서 그를 사랑하는 형제자매들이 지켜보는 가운데 하나님 곁으로 떠났다.

그의 삶은 놀라웠다. 시몬은 성경에 나오는 요셉처럼 주님이 주신 꿈 하나로 시작해서 그 꿈이 이루어지기도 전에 감옥에 갇혔으며, 그가 31년 동안 묵묵히 불의한 형벌로 고통 받는 동안 그의 비전은 하나님 외에는 그 누구에게도 기억되지 못한 채 사라졌었다.

하지만 이것이 끝은 아니었다. 그가 알지 못하는 사이에 주님은 같은 비전을 중국의 수많은 그리스도인의 가슴속에 심고 계셨다. 그래서 하나님은 그가 감옥에서 풀려났을 때, 그에게 또 다른 20년의 사역을 허락하신 것이다.

지하교회 그리스도인들은 시몬 짜오를 주님 안에서 최고의 존경심으로 섬겼으며 그를 하나님 집의 왕자처럼 영예롭게 대했다. 죽기 전에 그는 깨달았다. "하나님의 은사와 부르심에는 후회하심이 없느니라"(롬 11:29).

시몬 짜오는 주님께서 시작하신 일은 반드시 성취하신다는 사실과 그가 하신 약속은 항상 지키신다는 사실을 배운 것이다.

제5장
윈 형제의 간증*

윈 형제는 중국에서 복음을 위하여 네 차례의 감옥살이를 겪었으며 서른 번도 넘게 체포되었던 경험이 있다. 이 과정 속에서 윈 형제는 모진 고난과 고문으로 험난한 인생을 살았음에도 불구하고 그리스도 안에서 깊은 기쁨과 신앙을 소유하게 되었다. 1997년에 하나님은 윈 형제를 중국에서 불러내어 백투예루살렘 운동을 추진하게 하셨다. 그때 이후로 그는 무려 천여 개 교회에서 말씀을 전하며 많은 사람들에게 중국의 선교사역에 관하여 일깨워 주는 동시에, 기도로써 중국의 선교사역에 동참할 것을 당부하고 있다. 현재 윈 형제는 자신의 아내인 덜링과 두 자녀와 함께 독일에 거주하고 있다.

열여섯 살의 어린 나이에 구원을 받고 난 후, 나는 주님의 인도하심을 기다리다가 정말 아름다운 사건을 겪게 되었다. 어느 날 저녁 10시쯤 침대에 누워 잠을 청하고 있을 때 갑자기 누군가가 나의 어깨를 두드리며 말씀하시는 것을 듣게 되었다, "윈, 나는 너를 서쪽과 남쪽으로 보내어 나의 증인으로 세우겠다."

바로 다음 날, 나는 내가 사는 곳의 서쪽에 있는 마을에 찾아가서 주민들과 함께 하나님의 말씀을 나누기 시작했다. 어찌 보면 이것은 백투예루살렘 운동과 관련된 나의 첫 번째 일이었을지도 모른다. 물론 그 당시에 나는 복음의 손길을 체험하지 못한 지역 대부분이 중국의 서쪽과 남쪽에 위치한다는 것을 알지 못했다. 하지만 세월이 흘러갈수록 하나님은 나를 향한 당신의 온전한 부르심에 대하여, 나의 이해력의 지경을 천

---

*이 장의 대부분은 윈 형제의 자서전인 《하늘에 속한 사람》(홍성사) 24장을 각색한 것과 최근 그와 나눈 대담으로 이루어졌다.

천히 넓혀 주셨다. 더불어 그분은 시몬 짜오를 통해서 내 삶에 축복을 더하셨으며, 나로 하여금 백투예루살렘 운동에 관심을 집중하게 하셨다.

시몬 짜오가 허난성에 가서 회중에게 자신의 경험들을 나누었던 당시, 나는 감옥에 있었던 관계로 그에 관하여 아무것도 알지 못했다. 하지만 나는 예전에 백투예루살렘의 초기 사역자들에 관하여 들은 적이 있었다. 그때 비교적 초신자였던 나는, 비록 당시에는 실패하였지만 중국 밖으로 복음을 들고 나가려던 그들의 노력이 담겨 있는 1940년대의 팸플릿을 읽게 되었다. 그 책자에는 믿음의 선진들이 서쪽을 향하여 행군했을 때 불렀던, 매우 감격스러운 노래들이 실려 있었다. 나는 그 노래들을 암기하여 다른 사람들에게 가르치기도 하였다. 이렇듯 하나님은 일찍이 나의 마음에 백투예루살렘에 대한 부담감을 주셨으며 당신의 뜻이 복음을 들고 이슬람교, 불교 및 힌두교 국가로 가는 것임을 알게 해 주신 것이다.

1995년 가을, 중국 중심 지방에 집결한 어느 지하 교회 모임에서 말씀을 전하고 있었을 때였다. 나는 성도들에게 세계를 향한 비전을 하나님 안에서 찾으라는 도전을 던져 주면서 현재 맡은 사역에만 전념할 것이 아니라, 지경을 넓혀 중국을 둘러싼 미전도 지역을 그들의 사역과 비전에 포함하도록 부탁했다.

그때 나는 눈물을 글썽이며 그 옛날 백투예루살렘 운동의 노래들 중 하나를 불렀다.

네 눈을 들어 서쪽을 바라보라
추수할 것은 많건만 일꾼이 없구나
날마다 가슴 아파하시는 주님의 마음
"누가 나를 위하여 갈꼬?" 물으시네

우리 두 눈에 눈물 글썽이며
가슴에 보혈을 흘려 뿌린 채

그리스도의 깃발을 높이 들어
죽어가는 양들을 구해 내리라!

이 마지막 때 싸움은 다가오고
나팔소리 높이 울려 퍼진다
하나님의 전신갑주로 속히 무장하여
사탄의 궤계를 부수고 나가자!

사망이 많은 이들의 문을 두드리며
세상은 죄악으로 가득하다
우리는 충성을 다해 전진해야 하리
죽음의 순간이 다가올 때까지!

소망과 믿음으로 우리는 전진하리
우리의 가족과 모든 재물 주님께 바치고
무거운 우리 십자가를 짊어지고
예루살렘을 향하여 전진하리!

노래를 부르고 있을 때에 나는 회중 가운데서 눈에 띌 정도로 감동에 눈물겨워하는 한 노인을 발견했다. 그는 자신을 가늠할 수 없을 정도로 크게 울고 있었다. 그가 누구인지 알 수 없었기에, 나의 설교가 이런 반응을 불러일으킬 정도로 위대했는지 새삼 생각하게 되었다. 흰머리가 면류관을 이루고 흰 수염이 흘러내린 그 나이 많으신 형제가 앞으로 천천히 걸어왔다. 그에게 회중 앞에서 말하기를 부탁하자 회중 사이에 엄숙하고 진지한 침묵이 흘렀다.

저는 주님의 종, 시몬 짜오라고 합니다. 48년 전에 저와 동역자

들은 방금 형제가 부른 노래의 가사를 창작했지요. 제 모든 동
역자들은 예수의 이름을 위하여 순교했습니다. 저는 백투예루살
렘 운동의 지도자들 중 한 명이었습니다. 우리는 중국 대륙을
직접 횡단하며 우리가 지나는 모든 도시와 마을에 복음을 전파
했습니다. 그리고 1950년, 많은 고난과 역경 끝에 우리는 신장
의 접경 도시 카슈가르에 이르렀습니다. 하지만 중국을 떠날 기
회도 얻기 전에 공산주의 군대가 신장 지역을 점령하면서 즉시
국경을 폐쇄했으며 강력한 철권통치를 펼쳤습니다. 결국 우리
운동의 지도자들은 모두 체포되어 다른 지도자들은 모두 오래
전에 감옥에서 생을 마감하였고, 이렇게 저만 살아남게 되었습
니다. 예루살렘으로 다시 복음을 들고 가리라는 비전 때문에,
나는 주를 위하여 31년을 감옥에서 보냈지요.

그의 말을 들으면서 우리는 충격을 받았으며, 열린 입을 다물지 못한
채 앉아 있었다. 눈물이 우리의 뺨을 타고 흘러내려 바닥 위로 떨어졌다.
나는 하나님의 사람 시몬 짜오에게 물었다, "어르신, 좀더 얘기를 해
주실 수 있겠습니까?" 그러자 그가 계속 말을 이어나갔다.

주님께서 이 비전을 보여 주시면서 우리를 부르셨을 때, 나는
결혼한 지 4개월이었고 아름다운 아내가 임신했다는 사실을 금
방 안 뒤였습니다! 그런데 우리는 둘 다 체포되었고 감옥에 수감
되었습니다. 감옥살이는 무척이나 힘들었으며 결국 아내는 유산
을 하였습니다. 1950년의 처음 몇 달 동안 나는 아내를 저 멀
리 창살 사이로 두 번밖에 보지 못했습니다. 그 후 저는 그녀를
다시는 볼 수 없었습니다. 내가 석방되었을 때 나의 사랑하는
아내는 세상을 떠난 지 이미 오래였으니까요.
우리는 모두 크게 울었다. 마치 주님의 임재 안에서 거룩한 땅을 밟는

듯한 느낌이었다. 나는 시몬에게 물었다. "감옥에서 석방되었을 때 여전
히 어르신은 마음속에 백투예루살렘의 비전을 품고 계셨습니까?"
  내 질문에 대한 대답으로 그는 노래를 불러 주었다.

      쓰라린 바람 몇 해나 불었던가?
      폭풍 구름 몇 번이나 몰려왔던가?
      얼음같이 찬 빗줄기 속에 하나님의 제단은 보이지 않네
      우리의 희생을 받아 주는 하나님의 제단

      하나님의 일꾼들 무너진 가슴으로 슬피 운다
      여호와의 양들은 저 멀리 흩어졌구나
      차가운 바람 속 슬픔의 눈물이 고인다
      선하신 목자시여, 어디로 가셨나이까?
      하나님의 군병들이여, 어디로 갔는가?
      어디로 갔는가?
      오, 도대체 어디로 갔는가?

  시몬 형제는 잠시 숨을 돌렸으며, 나는 그에게 다시 물었다, "어르신,
아직도 당신의 마음속에 이 비전을 간직하고 계십니까?"
  그는 계속해서 노래했다.

      꿈마다 나타나는 예루살렘아
      눈물에 어리는 예루살렘아
      너를 찾아 헤매다가 제단 불 속에서 너를 찾았노라
      너를 찾아 헤매다가 예수님의 못 자국 속에서 너를 찾았노라

      우리는 눈물의 계곡을 헤매었고

하늘의 집을 향하여 헤매었다
사망의 골짜기를 걸은 지 어언 사십 년
눈물마저 말라 버렸구나

사망의 쇠사슬을 끊으려 예수님 오셨으며
영광의 길 여시려고 주님 오셨네!
옛 선교사들 우리 위해 눈물과 피 흘렸으니
우리도 어서 나가 하나님의 약속 이루세!

나는 그의 손을 붙잡고 그를 안심시켰다. "어르신께 주신 하나님의 비전은 아직 죽지 않았습니다! 우리가 그 비전을 이어가겠습니다!" 우리가 그의 마음을 위로하자 그는 일어나 그의 거룩한 손으로 우리를 축복하며 누가복음 24장 46-48절 말씀으로 격려하였다. "또 이르시되 이같이 그리스도가 고난을 받고 제 삼일에 죽은 자 가운데서 살아날 것과 또 그의 이름으로 죄 사함을 얻게 하는 회개가 예루살렘으로부터 시작하여 모든 족속에게 전파될 것이 기록되었으니 너희는 이 모든 일의 증인이라."

그는 또 우리에게 권면하였다. "여러분은 십자가의 길이 곧 피를 흘리라는 부르심인 줄 깨달아야 합니다. 여러분은 예수 그리스도의 복음을 들고 이슬람 국가로 가고, 또 예루살렘을 종착지 삼아 끝까지 가야 합니다. 서쪽으로 눈을 돌리십시오!"

그 집회는 내 인생의 중요한 전기를 이루었다. 마치 그 노인의 손에 쥐어진 타오르는 횃불을 하나님께서 우리 지하교회들에게 넘겨주시는 듯하였다. 그 비전을 완수하라는 사명감과 함께.

주님께서는 백투예루살렘의 비전을 이미 내 마음속에 심어 주셨지만, 시몬 짜오를 만난 순간부터 그것은 내 삶의 핵심, 내 삶의 전부가 되었다. 나는 중국 지하교회의 사명이 바로 이 세상에서 마지막으로 남은 영적 장벽들—곧 불교와 이슬람교와 힌두교—을 몰아내어 주 예수의 재림

전에 모든 민족들에게 영광스런 복음을 널리 알리는 것임을 선명하게 깨닫게 되었다.

여러분이 꼭 기억해야 할 것은 우리가 백투예루살렘에 관하여 언급할 때에는 중국과 예루살렘 사이에 있는, 복음을 듣지 못한 모든 민족들에게 복음을 전파하는 것을 의미한다는 것이다. 우리는 이 나라들이 복음을 환영하지 않는다는 사실을 이미 알고 있다. 아프가니스탄, 이란, 사우디아라비아와 같은 나라들이 그들의 땅 가운데서 복음을 전파하는 선교사들을 결코 선하게 대해 주지 않으리라는 것 또한 잘 알고 있다!

우리가 보내는 선교사들이 최고의 효과를 얻기 위해서는 언어와 문화에 대한 이해와 실력으로 무장해야 한다. 오늘날 중국의 수백 명의 그리스도인들이 아랍어와 영어 등의 언어를 배우며 선교사역을 위한 훈련을 하고 있다.

하지만 그것만이 그들이 받는 훈련의 전부는 아니다. 중국의 지하교회에 대한 지난 50년간의 핍박과 고문이 모두 우리를 위한 하나님의 훈련이었다. 하나님께서는 당신의 뜻을 이루기 위하여 정부를 사용하셔서 당신의 자녀들이 그의 뜻 안에서 가꿔지고 변화되도록 인도하신다. 이런 이유 때문에 나는 이렇게 말하는 서양 그리스도인들의 실수를 지적하곤 한다. "중국에 있는 그리스도인들이 자유롭게 주님을 믿을 수 있도록 중국의 공산당이 무너지기를 제가 얼마나 기도했는데요." 이것은 우리가 기도하는 바가 아니다! 우리는 절대로 우리의 정부를 반대하며 기도하거나 정부 위에 저주가 임하도록 기도하지 않는다. 오히려 하나님이 우리의 생명뿐 아니라 우리가 속해 있는 정부 아래에 있는 우리도 다 당신의 뜻대로 인도하심을 깨닫게 되었다. 이사야 선지자가 예수님에 대하여 "그 어깨에는 정사를 메었고"(사 9:6)라고 예언했다. 그 어떠한 정치적 체계에 대항하며 기도하기보다, 어떠한 일이 일어난다 할지라도 하나님만을 기쁘시게 하기를 기도해야 한다.

핍박이 멈추기를 기도하지 말라! 우리가 날라야 할 짐이 가벼워지기를 기도할 것이 아니라 오직 더 잘 견뎌 낼 수 있는 강한 어깨를 달라고 구해야 한다! 그러면 온 세상은, 하나님이 우리와 함께하셔서 당신의 사랑과 능력을 증거하는 삶을 살 수 있도록 힘을 주신다는 것을 보게 될 것이다.

이것이 진정한 자유다!

이슬람교, 불교, 혹은 힌두교 국가에게 복음을 전할 경우 당할 수 있는 고난 중에서 우리가 이미 중국에서 겪지 않은 것은 없다. 그들이 할 수 있는 것 중 최악은 우리의 육신을 죽이는 것이지만, 그것은 단지 우리가 주님의 영광스런 임재 앞에 영원히 살게 됨을 의미할 뿐이다!

백투예루살렘 전도 운동은 총과 칼을 지닌 군대가 아니다. 정장을 입은 엘리트 실력가들 역시 아니다. 그것은 하나님의 위대한 불로 인해 씻음을 받고, 숱한 세월을 그리스도의 영광을 위해 가난과 고난을 감수한, 상한 심령을 가진 중국인 사내와 여인들의 군대이다. 세상적인 기준에서 볼 때 가진 것 없이 볼품없는 오합지졸이지만, 영적 세계에서는 그들이 바로 그리스도의 위대한 전사들이다!

하나님께서는 이처럼 수천 명의 가정교회 전사들을 부르셔서 자신들의 피를 먹물 삼아 간증을 쓰게 하신다. 우리는 중국의 국경을 넘어 하나님의 말씀을 들고 이슬람과 불교와 힌두교 세계에 걸어 들어갈 것이다. 수많은 사람들이 주님을 위하여 죽기까지 싸울 각오가 되어 있다. 그들은 수많은 영혼들이 구원받는 것을 목격하게 될 것이며 서쪽에 잠들어 있는 많은 교회들을 일깨울 것이다.

예전에 수많은 서양 선교사들이 중국 땅 위에 피를 흘린 적이 있다. 그들을 본받아 우리 또한 주님의 말씀을 따라 죽을 준비가 되어 있다. 우리 선교사들 중 많은 사람들이 붙잡히고 고문 당할 것이며, 또 복음을 위하여 순교할 것이다. 그러나 이런 일이 결코 우리를 막을 수는 없다. 중국 교회는 그 값을 치를 각오가 되어 있다.

또 하나님께서는 우리만 고난의 불에서 연단하는 것이 아니라 우리의 방법까지도 지난 50년간 연단시켜 주셨다. 예를 들어, 우리는 가정에서 모임을 갖는 지역 성도들의 집합체를 심는 일에 전념해 왔다. 어느 곳에서건 하나의 교회 건물을 세울 생각은 조금도 없다! 이 방법으로 복음은 빨리 퍼질 수 있고, 당국의 감시도 피할 수 있으며, 우리의 모든 전력을 오직 복음 사역에만 집중할 수 있다.

하나님께서는 1997년 감옥에서 나를 풀어 주셨고 내 인생에서 처음으로 중국 밖의 세상을 보여 주셔서 수많은 민족과 백성들 가운데 왕의 왕께 영광을 돌리도록 하셨다. 독일을 향한 그 긴 도피의 시간 동안, 나는 내 삶을 되돌아보며 무한하신 하나님의 은혜에 감사드렸다. 나는 중국 교회 지체 중에서 가장 부족한 사람이다. 나는 아무것도 아니다. 하나님께서 나를 열방을 향한 대사로 삼으신 것은 분명히 나의 능력이나 재주 때문이 아니다. 이 일은 오직 하나님의 오묘하고 황송한 은혜이다.

나를 향한 이 은혜는 나를 태운 비행기가 독일의 프랑크푸르트에 내렸을 때에도 계속 임하여서 여권도 없는 내가 입국의 모든 절차를 무사히 통과하게 해 주셨다! 어느 목사님의 집으로 향하는 차를 타면서, 성령이 마음속에서 말씀하시는 음성을 들었다. "내가 너를 감옥과 중국에서 꺼내어 준 것처럼, 중국에 있는 나의 자녀들 십만 명을 같은 방법으로 인도하여 아시아 전역에 나의 증인으로 삼으리라."

나는 중국에서 무사히 탈출한 가족을 찾아오기 위해 2001년 불교 국가인 미얀마(이전의 버마)로 갔다. 하지만 그때 간첩으로 낙인받아 7년 형을 선고받았다. 처음에는 미얀마의 감옥에서 얻어맞아 죽을 지경까지 이르렀다. 이전에 복음을 위하여 중국의 감옥을 체험했었지만 미얀마의 감옥 환경은 중국에서 경험했던 것보다 훨씬 더 심각하였다. 말 그대로 죽음의 공장과 같았다.

감옥에 있는 동안, 주님께서는 백투예루살렘 운동 사역 중 상당 부분이 감옥에서 이루어질 것임을 명백하게 보여 주셨다. 수백 명, 아니 수천 명이 체포당할 것이다. 또 다른 이들은 이 비전을 위하여 죽기까지 맞거나 사형을 당할 것이다. 공중의 권세 잡은 자는 우리의 대원들이 복음의 빛을 들고 전진하는 것을 전력을 다하여 막을 것이다. 하지만 투옥과 죽음을 맛본다 할지라도 그것이 결코 실패를 의미하는 것이 아니다. 그것 역시 하나님의 계획 가운데 한 부분이다. 중국에서 우리는 믿음의 사람들이 감금될 때, 죄수들과 그들을 감시하던 경비들에게 부흥의 불길이 번지는 것을 수차례 목격했었다. 그리고 그 어두컴컴한 감옥에서 퍼진 부흥의 불길은 많은 이들을 축복하기까지 이르렀다. 감옥에서 복음을 듣는 사람들은 열린 마음에서 복음을 듣기 때문에 감옥 밖에 있는 사람들보다 주님의 말씀을 훨씬 더 수용적인 자세로 받아들인다.

우리는 인간적인 눈으로 백투예루살렘 비전을 바라보아서는 안 된다. 그렇게 된다면 약속의 땅을 정탐하러 나갔던 사람들처럼, 우리를 가로막는 고난과 장애물에 집중할 수밖에 없다. 즉 인간적인 눈으로 이 비전을 바라본다면 중국의 그리스도인들은 막강한 힘과 재물을 가진 서양의 교회들이 이슬람교 국가나 불교 국가에게 별 영향을 끼치지 못하는 것을 볼 것이고 더불어 초라한 자신을 돌아보고는 즉시 포기할 것이다.

오히려 우리는 여호수아, 갈렙과 같이 백투예루살렘의 비전을 믿음의 눈을 통해 보아야 한다. 여기서 믿음이란 사람에 의해 만들어진 인위적인 믿음이 아니라 하나님을 근본으로 둔 믿음을 말한다. 우리가 이 전쟁에 임하는 것은 이것이 최선의 대응책이거나 좋은 아이디어이기 때문이 아니라 하나님께서 70년 이상 중국 교회를 향해 당신의 영광을 위하여 복음을 들고 예루살렘으로 가라고 말씀하신 것을 알기 때문이다. 이것이 바로 우리의 대장 되신 예수님이 우리 군대의 대장이 되실 것을 확신하며 전진할 수 있는 이유이다.

백투예루살렘 운동이 가속화될수록 세상적인 기준에서 판단하지 말아주길 바란다. 우리들 가운데 몇백 명이 감금되거나 살해되었다는 소식을 듣는다 해도 그것을 우리 비전의 실패라는 소식으로 받아들이지 말기를 바란다! 중국에서 우리는 오래 전부터 하나님의 주권을 신뢰하는 것을 익혀 왔다. 만약에 우리가 감금된다면, 하나님께서는 우리가 그 장소에 있기를 바라셔서 그렇게 된 것이다. 사람들이 실패라고 단정할 수 있는 조건들이 우리에게는 성공과 승리의 핵심이 된다.

이 원리를 뒷받침하는 작은 예를 들자면, 바로 내가 미얀마 감옥에서 12명의 죄수들을 예수님께로 인도한 것이다. 주님께서는 그들 가운데 강하게 역사하셨으며 그들의 인생은 완전히 바뀌었다. 어떤 사람들은 겉으로는 자유로우나 마음은 죄의 노예로 살아간다. 감옥에서 주님을 영접한 사람들의 외형은 비록 초라해 보이지만, 내면은 마치 산 위로 높이 날아가는 새처럼 자유롭다! 그들은 온 마음을 다하여 예수님을 사랑한다. "이러므로 내가 네게 말하노니 저의 많은 죄가 사하여졌도다 이는 저의 사랑함이 많음이라 사함을 받은 일이 적은 자는 적게 사랑하느니라"(눅 7:47). 나의 옥중 생활은 하나님의 임재로 가득했다. 솔직히 말해서 감옥에 있는 느낌조차 들지 않았다! 나는 하루하루가 기쁨과 생명으로 가득했기에 내가 선고받은 7년은 생각하지도 않았다. 그렇게 7개월 7일이 지났을 때, 주님께서 백투예루살렘의 비전을 계속해서 이루어 나가시기 위해 나를 불러내셨고 그 후 나는 석방되어 미얀마에서 추방당했다.

외형적으로는 실패의 모습을 띄고 있으나 진실로 성공한 가장 좋은 예는 바로 주님의 '십자가 사건'이다. 하나님의 거룩한 아들이 십자가에 못박혔을 때, 사탄과 그의 세력들은 승리한 것으로 생각했지만 그들은 하나님의 뜻을 깨닫지 못했던 것이다. 십자가 사건으로 인하여 하나님의 계획을 이루는 일에 동참한 것을, 오히려 방해한 것으로 착각하였다! "이 지혜는 이 세대의 관원이 하나도 알지 못하였나니 만일 알았더면 영광의 주를 십자가에 못박지 아니하였으리라"(고전 2:8).

나와 가족은 아낌없이 백투예루살렘 운동에 헌신하여 주님을 섬겼다. 어느 날 나는 복음을 위하여 어느 이슬람교 국가나 불교 국가에서 순교할지도 모른다. 혹 그러한 소식을 듣게 된다면 나를 위하여 울지 마시고 복음 없이 사탄의 권세에 눌려 있는 수백만의 영혼을 위하여 울어 주길 바란다. 주님의 종에게 죽음은 끝을 의미하지 않기 때문이다. 죽음은 예수님의 임재 속에서 누리게 될 영원한 생명의 문턱이다. 부디 주님의 재림 때까지 그 자리에서 나를 대신하여, 복음을 들고 일어나 전 세계의 사람들을 제자 삼고 말씀을 가르치며 살기를 소망한다.

세계를 품은 기도

1. 하나님께서 백투예루살렘 운동을 이루기 위한 모든 것들을 그분의 자녀에게 공급하여 주시기를 기도해 주십시오. "하나님이 그들로 하여금 이 비밀의 영광이 이방인 가운데 어떻게 풍성한 것을 알게 하려 하심이라 이 비밀은 너희 안에 계신 그리스도시니 곧 영광의 소망이니라"(골 1:27).
2. 하나님께서 우리에게 그분의 뜻을 행하기 위한 영적인 재산과 물적인 재산을 공급하여 주시기를 기도해 주십시오. 우리의 시선이 언제나 예수님께 맞춰져 있을 수 있도록 기도해 주십시오.
3. 백투예루살렘 운동을 통하여 하나님께 영광이 돌려질 수 있도록 기도해 주십시오. 모든 것이 이루어졌을 때 어떠한 개인에게 영광을 돌리는 것이 아니라, 오직 모든 사람들이 "이는 여호와의 행하신 것이요 우리 눈에 기이한 바로다"(시 118:23)라고 고백하게 하소서.

제6장
수 형제의 간증

수 형제는 지금 약 2천여만 명의 신도를 둔 전방위 교회(Full Scope Church, 거듭남 지하교회 운동이라고도 알려져 있다)를 창설하였다.
수 형제는 오랜 세월 동안 당국과 대항하였고 중국 정부는 그의 교회를 '사악한 이교'라고 판정지었으며 수를 정부 제1의 적으로 여겼다. 수는 한 번 붙잡히면 몇 년 동안 감옥살이를 한 경험이 여러 번 있었고 중국의 그 어느 교회 지도자보다 많은 고문과 비난을 당했지만, 언제나 하나님 앞에서 신실하고 겸손한 자세로 살아가고 있다.

    2천 년 전, 성령의 역사와 함께 피와 땀을 흘렸던 고난을 통해, 복음은 예루살렘을 거쳐 유다와 사마리아와 로마 제국까지 전파되었다. 그리고 복음은 계속하여 서쪽으로 전파되었고 마침내 중국까지 이르렀다. 약 150년 전 하나님은 허드슨 테일러에게 중국의 내륙지방으로 복음을 선포하라는 비전을 주셨다. 어떻게 보면 테일러는 복음을 들고 중국의 예루살렘으로 알려진 해안지역에서부터 중국의 '유대와 사마리아'인 내륙지방에 복음을 유입시켰던 하나님의 참된 도구였다. 또한 그는 주님의 강한 용사로서, 예수 그리스도의 이름을 한 번도 들어보지 못한 미개척지까지 걸어 들어갔다.

    오늘날 중국의 지하교회 운동은 테일러의 비전을 더욱 크게 확장시켰다고 볼 수 있다. 우리의 목표는 단지 중국을 예수의 생명과 임재로 적시는 것뿐만 아니라, 남아 있는 이슬람교, 불교, 힌두교 국가를 복음으로 물들이는 것이다. 하나님의 풍성한 축복으로 인하여 수천 명의 남자

와 여자들은 중국과 예루살렘 사이에 놓여 있는 나라('땅 끝'이라 알려진)
까지 선교하라는 비전을 성령님께 받았다. 그것은 마치 허드슨 테일러가
중국 교회에 빛나는 횃불을 넘겨주면서 목표 지점을 향하여 경주를 완주
하라고 부탁한 것 같다.

테일러가 오늘날의 중국 교회와 백투예루살렘 운동에 남겨 준 또 하나
의 유산은 성도들 사이에 분열을 조성하여 복음의 진전을 지체하는 종파
를 만들지 않은 것이다. 그는 종파라는 벽을 건너뛰어 그리스도의 지체
들이 그리스도의 깃발 아래 단결하여서 일할 수 있게 해 줌으로써 교회
가 하나님의 비전을 이뤄 가도록 하였다.

테일러는 일신상의 안전을 희생하면서까지 복음을 전하고자 했다. 또
한 당시 중국의 전통에 따라 머리를 깎은 뒤 길게 땋아 내렸다. 다른 선
교사들은 그가 중국 관습에 따르는 것을 창피하게 여겼지만 테일러는 끝
내 그들과 타협하지 않았다. 그는 중국 의상을 입었고 중국어에 능통할
때까지 중국어를 학습하였다. 자신이 섬겼던 사람들처럼 되기까지 겸손
해지고 낮아졌다.

중국의 그리스도인들은 오늘도 허드슨 테일러의 말을 되새겨 본다.
"내게 천 번의 삶이 주어진다 해도 천 번의 삶 모두 중국을 위해 쓸 것
이다." 사람들은 그의 마음 자세를 보았기 때문에 그가 전한 말씀에 끌
리게 되었다.

1949년 공산주의가 중국을 집권하자 대부분의 교회 건물은 파괴되었
다. 공산주의자들은 그리스도인들이 모일 수 있는 장소를 빼앗아 버리면
기독교를 말살할 수 있으리라 믿었다. 성도들은 비밀리에 만나야 했는데
때로는 두세 명으로 이루어진 작은 모임을 가졌고 그 중 대다수의 모임
이 사람들이 잠든 새벽 3시쯤에 모였다. 몇 년 동안 성도들은 돌봐 줄
목자도, 읽을 성경도, 찬양할 때 사용할 찬송가도 없었다. 불법으로 열
어야 했던 이런 작은 모임들은 단지 기도와 서로간의 격려와 성만찬으로
끝날 때도 있었다. 정부는 우리의 믿음에 대한 외형적 상징들을 빼앗아

갔지만 우리의 힘이 외형에 있지 않음을 깨닫지 못했다. 우리의 힘과 소망은 그들이 결코 빼앗을 수 없는 한 가지에만 있었으니, 그것은 바로 부활하셔서 우리의 마음속에 살아 계신 예수 그리스도이시다!

우리는 표면적인 신앙의 형식을 잃었다고 해서 약해진 것이 아니라 하나님을 향한 믿음이 그만큼 더 순수해져서 오히려 더욱 강해졌음을 깨달았다. 우리는 하나님과 관련된 '것'들을 사랑할 수 있는 기회를 얻지 못한 대신 하나님 한 분만을 사랑하는 법을 배웠던 것이다! 우리는 계속 운영해야 할 프로그램이나 계획이 없었기 때문에 예수님의 얼굴만을 찾게 되었던 것이다! 우리는 교회에 도움이 될 만한 돈 벌 기회가 없었기에 제자 삼는 것에 모든 시간을 투자하였던 것이다!

1970년대와 1980년대 초기에 우리는 모두 한 교회였다. 우리 사이에는 그 어떠한 신학적 차이도 없었고 우리의 교제를 가로막는 장애물 또한 없었다. 성령님께서 우리들 모두의 마음을 하나로 만져 주셨기 때문에, 우리는 함께 감옥에 갇혔으며, 함께 맞았고, 함께 피를 흘렸다. 또한 함께 복음을 전했다.

하지만 1990년대 초기에는 한때 복음의 사역 안에서 한 형제들이었던 교회 지도자들이 서로 비난하기 시작했다. 우리는 결코 서양의 교회들처럼 교단을 만들지 않을 것을 굳게 다짐했지만, 결국 스스로 서로를 가르는 벽을 만들어 다른 길로 행하게 되었다. 백투예루살렘 운동은 우리들 가운데 오랜 세월 동안 존재하고 있었지만 지하교회들이 이 부름에 응답할 준비가 되어 있지 않았던 것이다. 그러나 주님은 우리가 단결하지 못하면 이슬람교와 불교와 힌두교 국가들에게 결코 당신의 증인으로서 담대하게 나아갈 수 없다는 사실을 아셨다.

그래서 하나님께서는 윈 형제를 사용하셔서 많은 지하교회 지도자들 가운데 연합을 추진하셨다. 우리 지도자들 사이에 오랜 침묵이 적대감과 괴로움을 낳았기에 이것은 결코 쉬운 일이 아니었다. 많은 지하교회 지도자들은 하나같이 자기의 단체만이 진리를 따르며 그 외의 지하교회들은 진리를 떠나 잘못된 길을 걷고 있다고 믿고 있었기 때문이다. 그러므로 윈 형제가 연합이라는 말을 처음 사용했을 때 그가 받은 것이라고는 냉랭한 시선밖에 없었다.

하지만 하나님께서는 많은 기적을 일으키셔서 마침내 1996년, 또다시 지하교회로 연결된 지도자들이 모이게 되었다. 몇 년 만에 우리가 서로를 처음으로 보게 된 모임이었다. 그 집회에서 하나님께서는 우리의 고집과 교만을 꿰뚫어 주셔서 많은 회개의 눈물이 있었다. 우리는 서로를 향해 가졌던 적대감을 고백하고 용서를 구했다.

나는 그 첫 번째 연합집회에서 이렇게 말했다. "우리는 더 이상 우리만의 편협한 교리를 따르지 않을 것입니다. 서로의 장점을 배워서 주님께서 우리를 변화시키고자 하는 방식대로 변화되어 주 예수 안에서 더 강건해지기를 원합니다."[39]

아직 모든 차이가 극복된 것은 아니었지만 지도자들은 서로를 존경하게 되었으며, 서로가 분리되어야 할 이유들보다 오히려 공통점이 훨씬 많다는 사실을 발견하게 되었다. 아울러 그들의 신학적 입장에 따른 차이점들은 믿음의 핵심과 거리가 먼 부수적인 것에 바탕을 두었다는 사실을 깨달았다.

각각의 모임은 하나님께서 그들 가운데 어떤 위대한 방식으로 역사하시는지를 알게 되었고 하나님께 영광을 돌렸다. 우리는 한두 교회만 해외 그리스도인들의 지원을 받고 나머지 모든 지하교회들은 궁핍에 시달리는 일이 없도록 서로의 교회에서 돌아가면서 말씀을 전하고 성경책과 기타 물건을 나누기로 합의했다.

둘째 날에는 모든 지도자들이 함께 성찬을 나누었다. 이는 중국 지하교회 지도자들이 50년이 지난 후 처음으로 연합하여 나누는 성만찬으로, 매우 의미 있는 시간이었다.

1996년에 있었던 지하교회 지도자들의 모임과 그 후 계속된 모임들은 중국 교회 역사에서 가장 중요한 사건들 가운데 하나라고 생각한다. 왜

냐하면 백투예루살렘 운동은 중국 교회가 분열된 상태에서는 결코 이루어질 수 없기 때문이다. 따라서 1996년 이후에 백투예루살렘 운동에 관한 세부적인 사항들이 제자리를 찾게 된 것은 결코 우연이 아니다.

> 형제가 연합하여 동거함이 어찌 그리 선하고 아름다운고 머리에
> 있는 보배로운 기름이 수염 곧 아론의 수염에 흘러서 그 옷깃까
> 지 내림 같고 헐몬의 이슬이 시온의 산들에 내림 같도다 거기서
> 여호와께서 복을 명하셨나니 곧 영생이로다(시 133:1-3).

이 연합이라는 것을 생각할 때, 우리가 모이게 된 목적이 연합 그 자체에 있지 않음을 염두에 두어야 한다. 우리가 모인 목적은 바로 하나님께서 우리에게 주신 비전, 곧 복음을 가지고 예루살렘으로 들어가 예수님의 지상명령을 완수하여 주님께서 재림하시기를 기다리는 그 비전을 이루기 위해서이다! 우리가 연합모임을 하게 된 것은 이러한 비전 때문이다. 아직 여러 교회가 성경을 해석하는 관점과 관습에서는 차이가 있지만, 중국과 더 나아가 모든 열방에게 복음을 전해야 한다는 목표는 공유하고 있다.

하나의 목표를 가지고 성도들이 모이면 우리는 작은 차이점을 벗어버리고 푯대를 향하여 한마음으로 걸어갈 수 있다. 하지만 우리가 그 목표를 망각한다면, 더 이상 앞을 바라보지 않고 서로를 바라보다가 결국 서로의 약점과 허물을 보게 될 것이며 하나님의 나라를 위해 싸우는 것이 아니라 서로를 향해 싸우게 된다.

강한 교회와 약한 교회를 구분하는 방법은 매우 간단하다. 강한 교회는 영적 자녀를 낳는 중심지다. 영혼들이 구원받고 제자들이 매시간 세워지며 끊임없는 활동으로 인해 생기가 흐른다. 성도들이 앉아서 서로를 비난하고 욕하고 다툴 시간이 없다. 그들은 영적 신생아들을 돌보면서 풍부한 생명의 양식을 준비하여 영적 자녀들을 먹이느라 정신없이 분주

하다. 두 명의 자녀를 둔 아비로서 나는 이러한 노고를 치르는 이들에게 경의를 표한다!

어떤 교회는 자기 성도들이 세상에 의해 더럽혀지지 않게 지키는 것에만 전념하는데, 이를 영적인 활동력으로 착각하면 안 된다. 이런 주장을 하는 사람들이 경건해 보일지는 모르나, 말과 행동을 통하여 영적 생명이 새로이 태어나지 않으면 그것은 단지 시간 낭비에 불과하기 때문이다. 우리에게 가장 현명한 선택은 바로 복음 전파에 전력을 다하여 집중하는 것이며, 교회의 정사를 하나님께 맡기는 것이다.

가끔 외국에서 온 그리스도인들이 중국의 교회들을 방문하면서 "중국 교회는 정말 놀랍습니다"라고 말한다.

그러나 이것은 사실이 아니다.

그리스도인에게 '정상적인' 기독교란 하나님의 말씀에 바탕을 둔 교회의 형태를 따라 사는 것임에 틀림없다. 사도행전이 보여 주는 교회는 성공과 기적에 가까운 체험들을 한 것이 아니다. 그들이 체험한 모든 것들은 보혈의 피로 구원받은 사실을 고백하는 모든 교회들 가운데서 당연히 일어나야 하는 정상적이고도 평범한 것이다! 사도행전에 나타난 초대교회는 우리가 마땅히 따라야 할 본이 되는 교회다. 오늘날 중국을 포함한 이 세상의 많은 교회들은 안타깝게도 비정상적이고 성경적이지 못하다. 우리 모두가 무릎을 꿇고 주님께 도움을 구하여 주님께서 합당한 믿음으로 여기시는 신앙대로 살아가기를 간구해야 한다!

하나님은 중국 교회를 간섭하시고 정결하게 하시는 동안 지하교회 지도자들의 마음속에 백투예루살렘 운동에 대한 비전을 깊이 각인시켜 주셨다. 또한 기독교의 기초란 바로 성령을 따라 사는 삶이며, 기독교의 핵심은 교회를 세우는 일임을 알려 주셨다. 더불어 하나님은 모든 민족과 열방에게 빛을 비추어 사방에 복음을 확산시켜 나갈 전략지 역할을 할 돌파구는 바로 일꾼을 훈련시키는 일이며, 그렇게 할 때 우리가 밟는 모든 땅이 우리의 기업이 된다는 사실을 보여 주셨다. 아름다운 주 예수 그리스도의 말씀을 거부했던 모든 국가들에게 이 전략으로 나아갈 때, 성령의 능력으로 복음에 눈을 뜨는 개인과 가정들을 보게 될 것이다. "너희를 어두운 데서 불러내어 그의 기이한 빛에 들어가게 하신 자의 아름다운 덕을 선전하게 하려 하심이라"(벧전 2:9).

백투예루살렘 운동을 추진하는 원동력은 바로 성령님이셔야 한다. 나는 다음 구절을 놓고 묵상하는 데에 많은 시간을 보냈다.

> 나 여호와가 이같이 말하노라 용사의 포로도 빼앗을 것이요 강포자의 빼앗은 것도 건져낼 것이니 이는 내가 너를 대적하는 자를 대적하고 네 자녀를 구원할 것임이라 내가 너를 학대하는 자로 자기의 고기를 먹게 하며 새술에 취함같이 자기의 피에 취하게 하리니 모든 육체가 나 여호와는 네 구원자요 네 구속자요 야곱의 전능자인 줄 알리라(사 49:25-26).

이제 나는 엄청난 기적의 역사 없이는 단 한 사람의 잃어버린 영혼도 주님께로 돌아오는 것이 절대 불가능하다는 사실을 깨달았다. 잃어버린 영혼은 사탄과 그 세력의 쇠사슬에 매인 포로이며 노예이다. 논쟁을 아무리 벌인다 해도 이들을 하나님 나라로 인도할 수는 없다. 왜냐하면 그들의 문제는 지적인 것이 아니기 때문이다. 그들의 외적인 행동을 변화시키는 일 역시, 그들의 내면에 그리스도만이 주실 수 있는 생명력이 없는 한 모두 소용없는 일이다. 성경이 명백하게 말씀하는 것은 주님 밖에 있는 모든 사람들은 영적으로 죽었으며, 죽은 영혼을 살려 내기 위해서는 반드시 전쟁을 치러야 한다는 사실이다. 예수 그리스도의 은혜 밖에서 사는 이들은 마귀의 올무에 사로잡힌 사람들이다.

영혼을 포로로 삼고 있는 사탄의 세력은 우리의 힘보다 훨씬 강하다. 예수님이 직접 도와주시지 않고 우리의 힘으로 한 영혼을 십자가 앞에 인도하는 것은 불가능하다. 오직 그리스도의 능력만이 죄인을 구할 수 있다. 복된 소식이란 예수님께서 우리를 도우실 것을 우리가 완전히 확신할 수 있다는 사실이다. 하나님의 말씀에, "너희를 대하여 오래 참으사 아무도 멸망치 않고 다 회개하기에 이르기를 원하시느니라"(벧후 3:9)라고 약속하셨기 때문이다.

하나님은 크신 능력으로 "용사의 빼앗은 것을 도로 빼앗아"(사 49:24), 그리스도를 믿는 모든 자들이 하나님의 크신 이름 앞에 영광을 돌림과 함께 십자가 사건을 통하여 인류를 속죄하신 그리스도의 승리를 더욱 빛내도록 역사하실 것이다. 오직 예수님께서 우리의 삶과 목회를 간섭하셔야만 잃어버린 영혼들이 주님께 돌아오는 역사를 바라볼 수 있다. 예수님께서 물으셨다. "사람이 먼저 강한 자를 결박하지 않고야 어떻게 그 강한 자의 집에 들어가 그 세간을 늑탈하겠느냐 결박한 후에야 그 집을 늑탈하리라"(마 12:29). 하늘에 계신 우리 아버지의 손을 붙잡고 함께 동행하는 법을 배울 때 비로소 우리는 국가와 사람들의 인생을 지배하는 그 강한 자를 결박할 수 있으리라.

나는 주님께서 우리가 예루살렘으로 복음을 들고 가는 일을 도우시리라는 사실을 조금도 의심하지 않고 확신한다. 예수님의 말씀 가운데 "또 너희에게 이르노니 동서로부터 많은 사람이 이르러 아브라함과 이삭과 야곱과 함께 천국에 앉으리라"(마 8:11)라는 말씀 속에 언급되었던 그 천국 잔치를 위하여 주님의 신부는 이미 준비되어 있을 것이다.

지금 이때야말로 2천 년 전에 주님께서 우리에게 내려 주신 그 지상명령을 완성할 때이다. 하나님께서 우리가 구원받기만을 바라셨다면, 우리가 주님을 영접하는 순간 이미 천국으로 데려가셨을 것이다. 하지만 주님께서는 부족한 우리를 지상에 남겨 놓으셔서 세계 열방을 향하여 주님께서 살아 계시며 모든 포로들을 해방시키신다는 기쁜 소식을 전하게 하신다. 이 목표에 부합하도록 우리의 마음과 시간과 모든 에너지를 쏟기 바란다. 백투예루살렘은 바로 우리가 호흡하며 살아가는 이유이다.

주님께서는 나와 아내가 백투예루살렘의 비전을 실현할 수 있도록 우리의 남은 인생을 헌신하도록 인도하셨다. 우리는 정말 배울 것이 많다. 최근에 주님께서는 우리를 독일로 인도하셔서 백투예루살렘 사역에 더욱 깊이 개입할 수 있도록 해 주셨다. 중국 밖에 있으면 중국 내부에 있는 것보다 훈련하고 전략을 세우고 계획하는 일을 더욱 자유롭게 할 수 있다. 하지만 우리의 시선을 딴 곳으로 돌리는 일은 피해야 한다! 중국을 떠나게 된 이후, 많은 그리스도인들이 좋은 동기로 찾아와 우리에게 이 집회 저 집회에 참석해서 말씀을 전해 달라고 부탁하였지만, 나는 그 집회가 주님께서 우리에게 주신 사명과 직접적인 관련이 없는 이상 "할 수 없습니다"라고 정중히 거절하는 법을 배웠다.

물론 우리는 옛 동역자들, 그리고 형제자매들과 나누었던 아름다운 교제가 매우 그립지만, 한편으로는 중국 교회의 사명이 곧 백투예루살렘에 있다는 그 사실을 깨닫게 되어 마음이 기대감으로 부푼다. 혹시 아는가? 우리가 예수 그리스도를 위하여 모든 열방들을 전도할 때 비단길 위에서 당신을 만나게 될지!

오, 하나님을 모르고 우상을 섬기는 이 미전도 국가들이 얼마나 예수 그리스도의 복음을 필요로 하는지! 이 시간은 바로 하나님께서 우리를 위하여 마련하신, 잠에서 깨어날 시간이다! 겸손히 회개하고 깨어 지켜보며 기도해야 한다! 성령의 능력으로 우리는 악의 권세를 무너뜨리고, 강퍅한 마음을 찔러 쪼개어, 온 열방이 주님께로 돌아오는 역사를 바라보게 되리라!

세계를 품은 기도

1. 더욱 많은 사람들이 백투예루살렘의 비전을 보게 해 주소서.
2. 영적 전투를 위하여 목숨 걸고 온전히 준비하는 우리들이 될 수 있도록 해 주소서. 우리는 교회에서 유래를 볼 수 없는 가장 치열한

영적 전투에 임하게 될 것이라 확신합니다. 이 전투에 모든 것이 걸려 있습니다! 지상명령의 성취와 예수님의 재림 없이 성공이란 있을 수 없습니다! 이슬람교와 불교와 힌두교 국가를 수천 년 동안 지배해 온 사탄은 절대로 물러서지 않을 것이며 사탄 역시 기나긴 전투에 대비할 것입니다. "여호와의 일을 태만히 하는 자는 저주를 받을 것이요 자기 칼을 금하여 피를 흘리지 아니하는 자도 저주를 당할 것이로다"(렘 48:10).

3. 모든 미전도 민족들에게 복음을 들고 가라는 하나님의 부르심에 우리의 교회가 신실하게 순종할 수 있게 하소서.

제7장
에녹 왕의 간증

에녹 왕은 워치만 니(Watchman Nee)의 가르침에서 시작된 기독교 운동의 지도자이다.
중국 대륙을 통틀어 이 운동에서 비롯된 그리스도인의 숫자는 무려 몇백만에 달한다.
에녹 형제는 복음을 위해 바친 지난 20년의 삶 중에서 16년을 감옥에서 보냈으며
이 인터뷰를 마치고 불과 몇 달 후에는 다시 체포되기까지 하였다.
중국 교회의 핵심 지도자인 에녹 왕은 이 순간 백투예루살렘 운동이 그에게 어떠한
의미를 가져다주는지를 설명하면서, 현재 중국 교회의 지도자들에게 잘 알려져 있고
사실로 검증된 그의 특별한 개인 간증을 함께 나눈다.

나는 1969년 문화혁명 당시 공산당 홍위병(紅衛兵, 중국 문화대혁명의
추진력이 되었던 학생 조직—옮긴이)의 간부로 있을 때 처음으로 그리스도인
이 되었다. 첫 해에는 하나님을 향한 내 믿음이 부족하여 그리스도를 믿
긴 했지만 1970년 공산당의 일원이 되었으며, 곧이어 공산주의 청년연
맹 리더로 발탁되었고 1972년 인민 해방군의 무기 공장에서 일하게 되
었다. 그리고 1973년이 되어서야 처음으로 나의 주 예수 그리스도를 섬
기는 것을 진지한 자세로 받아들이기 시작하였다.

나는 하나님을 향한 믿음 때문에 1982년에서 1994년까지 처음으로
감옥살이를 하게 되었다. 그들은 무신론자 홍위병이자 공산주의 청년연
맹의 지도자인 내가 목사로 변했다는 사실에 몹시 분노했다. 그 긴 세월
동안 그들은 나를 꺾고 무너뜨리고 주님을 향한 믿음을 배반하게 하려
했으나, 나는 하나님께서 은혜로 내 마음속에 주신 것들을 제거할 수 없
었다.

내가 체포되었을 때 우리 딸은 세 살밖에 안 되었다. 사랑하는 아내와 딸에게서 떨어진다는 사실은 고통의 극치였지만 그리스도인 형제들이 나 없는 동안 나를 대신하여 그들을 돌봐 주리라는 희망을 갖고 있었다. 당국이 이 사실을 알고 있었기에 우리 가족이 외부로부터 어떤 도움을 받고 있지는 않은지 감시하기 시작했다. 나는 중국에서 가장 큰 죄목인 반동과 반혁명분자라는 이름으로 투옥되었다. 당시에는 반혁명분자뿐만 아니라 그의 가족을 돕는 사람도 같은 죄로 처벌하였기에 나의 형제자매들은 처벌을 받을까 두려워 내 아내와 아이를 돌봐 줄 수 없었다.

나의 가족은 농촌에서 살았지만 아내는 파종하는 것과 수확하는 것을 잘 알지 못해 처음에는 굶어 가며 엄청난 시련과 고통을 겪어야 했다. 그 해 여름이 되었을쯤, 아내는 딸이 집에 있을 동안 밭에 있는 옥수수를 수확하려 했다. 당시 나의 딸은 네 살이란 어린 나이에 어머니를 돕기 위해 요리하는 것까지 배웠다! 불을 피우고 물을 올려 국수를 삶기도 했고 간단한 식사를 준비하기까지 했다.

우리 딸이 겪은 어려움은 정말 엄청났으므로, 그 어떠한 자녀도 우리 딸이 겪었던 그러한 인생을 살아서는 안 된다고 생각한다. 물론 주님께서는 우리의 어린 딸을 도우셔서 지금은 온 마음을 다해 주님을 섬기는 아름다운 숙녀로 자라났다.

내가 다른 성에 있는 노동수용소로 옮겨졌을 때 아내와 딸은 나를 계속 방문하기 위해 그 마을로 이사를 왔다. 몇 년간 내 아내는 주님 안에서 형제자매와 교제도 없고 남편도 없이, 무일푼 상태에서 홀몸으로 딸을 키웠다. 아내와 딸은 때로 쓰레기통을 뒤지며 먹을 것을 구해야 했고 몇 푼 되지 않는 물건을 찾아 시장에 팔기도 했으며, 그렇지 않은 날은 구걸을 해야만 했다. 하지만 어느 날 하나님은, 그들의 인생 중 가장 초라하고 낮은 시점에서 그들에게 천국 낙원의 비전을 보여 주시며 그들을 위로하였고 계속 살아갈 힘을 주셨다.

세상에 퍼져 있는 많은 그리스도인들은 중국에서 목사가 감옥에 갇혀 있을 때 그 목사를 위하여 기도한다. 참으로 감사할 일이다. 하지만 또한 가지 당부하고 싶은 것은 잡혀 간 목사의 가족이 감옥에 있는 자들보다 더 곤욕스런 상황에 처하기 때문에 그들을 위해 기도해 달라는 것이다. 감옥에 있는 나는, 형편없는 식사일지언정 하루에 몇 끼의 식사라도 먹을 수 있지 않았던가.

가족이 방문할 때마다 나는 슬픔과 기쁨이 교차했다. 한 번도 불평하진 않았지만 영양실조에 시달린 그들의 야윈 몸을 볼 때마다 그들이 겪어야 했던 모든 고난들이 눈에 선했다. 그들이 너무나 그리웠고 볼 때마다 새 힘을 얻을 수 있었지만, 그들이 겪고 있는 고통이 얼마나 큰 것인지 안다는 사실 자체가 내게는 가장 큰 고문이었다.

나의 딸은 책을 구할 돈이나 교복이 없어 학교에 다닐 수 없었는데, 중국에서 '반혁명분자' 들의 자녀는 언제나 학생과 선생들의 조롱과 비판의 대상이었다. 내가 석방되자 우리 교회 성도들은 사랑하는 나의 딸이 지금껏 받지 못했던 교육의 공백을 메우기 위해 대학에 보내기로 결정했다. 그리고 주님이 그녀를 도와주신 결과, 드디어 올해 대학을 졸업하게 되었다.

마침내 1994년 석방된 나는 가족과 기쁜 재회를 하게 될 줄 알았지만, 지난 세월 동안 아내와 딸이 무엇을 경험했는지 알 길이 없어 답답했다. 지난 13년간 쌓였던 모든 감정과 고통의 응어리들이 아내에게서 홍수처럼 쏟아져 나왔다. 아내와의 관계를 처음부터 다시 시작해야 할 상황이었다. 그러나 주님의 크신 은혜와 도우심으로 우리의 관계는 참 회복을 경험하였으며, 지금은 모든 것이 잘 해결되었고 주님께서 이렇게 아름다운 동역자를 내게 허락하심이 너무나 감사하다. 아내 없이 내가 할 수 있는 일은 아무것도 없다! 하나님께서는 언제나 이렇듯 우리에게 선하게 역사하신다.

내가 투옥되었을 즈음에 나는 우리 교회만이 올바른 교리와 관습을 지니고 있다고 확신했고 중국의 다른 지하교회들은 모두 다 큰 오점을 가지고 있다고 생각했다. 따라서 초창기에는 중국에 흩어져 있는 교회들과 아무런 교류도 하지 않는 것이 하나님을 바르게 섬기는 길이라고 믿어, 그들과 교제하는 시간을 갖지 않았다. 그러나 감옥에서 석방되고 난 후, 나는 모든 자식을 동일하게 사랑하시는 하나님의 마음을 배우게 되었다.

1997년 우리 가정이 조금이나마 안정되어 가고 있을 즈음에 나는 또 다시 붙잡히게 되어 3년 동안 옥살이를 하게 되었다. 이것은 원 형제, 수 형제를 비롯하여 수많은 다른 가정교회 지도자들이 붙잡혔을 때의 상황과 동일했다. 너무나 많이 맞아서 '절뚝발이'라고 알려진 원 형제가 하나님의 은혜로 탈옥하게 되었을 때 나도 감옥에 있었다. 정말 하나님은 초자연적으로, 초논리적으로 감옥 문을 열어서 그에게 도망갈 길을 제시한 것이다. 나는 "곧 열면 닫을 사람이 없고 닫으면 열 사람이 없는" (계 3:7) 것을 실제로 목격한 하나님의 산 증인인 셈이다.

이제부터 나의 간증 가운데 직접적으로 백투예루살렘 운동과 관계되는 부분을 나누도록 하겠다.

1995년에 나와 아내는 딸 하나를 더 갖게 되었다. 그 당시 나는 45세의 중년으로 또 한 아이의 아비가 될 생각을 하지 못하던 때였다. 성경의 말씀대로 "자식은 여호와의 주신 기업이요 태의 열매는 그의 상급" (시 127:3)이다. 자식에 대한 그 기쁨을 무엇으로 표현하랴.

1997년 신정 때, 원 형제가 나의 고향 근처에서 연합 모임을 인도했는데, 그때 여러 지하교회 지도자들이 초청을 받고 함께 교제하며 기도하는 가운데 우리 사이에 존재하던 벽이 허물어지기 시작했다. 나 또한 그 모임에 참석하기를 열망하던 터였다. 왜냐하면 지하교회간의 화목과 단결이 하나님이 바라시는 복음으로 나아가기 위해 우리가 필수적으로 갖추어야 할 요소라고 주님이 알려 주셨기 때문이다. 우리가 서로 용서하지 않고 화목하지 않는 이상, 하나님께서는 절대로 우리의 사역을 온전히 축복하시지 않을 것이다.

그 당시 우리 가족은 경찰에 쫓기는 처지였으며, 아직 공사가 채 끝나지 않은 4층짜리 아파트에서 살고 있었다. 지방 당국에서 등록을 요구하는 일반 아파트는 곧바로 체포될 가능성이 있어 살 수 없었기 때문이다.

고향 근처에서 열릴 그 연합 모임에 가는 날 아침, 통화 중이던 나는 갑작스런 고함소리를 듣게 되었고 곧바로 아내가 소리를 지르면서 방으로 뛰어 들어왔다. 18세인 큰딸이 15개월 된 동생을 안고 발코니에서 길을 내려다보고 있다가 그만 아기를 4층에서 떨어뜨려 머리가 아래로 향한 채 길가에 쌓인 벽돌무더기 위로 떨어진 것이다.

아내는 아기를 품에 안고 울면서 "빨리 병원에 데려가야 한다"고 재촉하였지만, 나는 한눈에도 아기가 벌써 죽은 것을 알 수 있었다. 아기의 머리는 깨어져 있었고 뇌 조직의 일부분이 두개골 밖으로 튀어나온 상태였기 때문이다.

"병원에 데려가 봐야 소용없어. 이 아이는 벌써 죽었어. 아이를 위해 병원이 할 수 있는 일은 아무것도 없어"라는 말을 하는 순간 복잡하게 얽힌 감정들이 내 머릿속을 스치기 시작했다. 아이는 이미 죽었기에 병원에 간다 한들 소용없다는 것을 알았으며, 병원에 가는 즉시 병원 당국이 우리가 등록되어 있지 않은 것을 알고 아기를 죽인 혐의와 함께 나를 체포할 것이 분명했다. 또 완성되지 않은 건물에서 불법으로 살고 있다는 사실도 발각될 것이고 여기서 살 수 있도록 허락해 준 가정 또한 고난을 당하게 될 것이다.

나는 이 사건이 나의 마음을 흐트러뜨리고 나와 동역자들의 시선을 중요한 연합 모임에 참석하지 못하도록 방해하는 사탄의 직접적인 공격임을 감지할 수 있었다. 하나님의 백성들이 모여 그들 가운데 놓인 담을 허무는 자리를 사탄이 기뻐할 리가 없다. 사탄은 우리들 가운데 용서할 수 없는 마음과 오해와 편견의 담을 쌓는 데에 수년 동안 공을 들였던 자이다. 이 모임이 이루어지는 것을 막기 위해 사탄이 혼신을 다하는 것은 결코 놀랄 만한 일이 아니었다.

무릎을 꿇고 기도했다. 화가 나는 동시에 엄청난 충격과 슬픔이 밀려들었다. 기도가 터져 나왔다. "주여, 중국 교회가 하나 되는 것이 당신의 뜻이라면 나의 딸을 살려 주옵소서. 오늘 딸의 몸속에 다시 호흡을 넣어 주시고, 내일은 말을 할 수 있게 해 주시고, 다음 날은 걸을 수 있게 해 주소서. 만일 당신이 중국 교회가 하나 되기를 바라지 않으신다면 저는 숨어 버릴 것이고 다시는 주님의 복음을 전하지 않겠나이다." 물론 나는 언제나 주님을 믿기는 하겠지만 최전선에서 물러나 조용하고 평화로운 삶을 살 생각이었다.

어떤 사람들은 내가 하나님께 그런 말을 할 자격이 없다고 말할 것이다. 하지만 그때 나는 깊은 충격 속에 있었고, 이 사건이 연합 모임에 참석하지 못하게 시험하는 사탄의 직접적인 공격임을 느끼고 있었다는 사실을 이해해 주길 바란다.

그때 아내는 아기를 품에 안고 그 생명 없는 형체를 계속 앞뒤로 흔들기만 했다. 예쁜 우리 딸은 숨을 완전히 거두어 심장도 뛰지 않았고 얼굴은 창백해져만 갔다.

연합 모임은 그날 저녁, 우리 집에서 약 32킬로미터 떨어진 곳에서 시작할 예정이었다. 나는 괴로움은 접어 두고 사탄에 저항하여 하나님을 전적으로 신뢰하겠다는 의미로 그 모임에 참석하기로 마음먹었다. 가슴이 찢어지는 슬픔이 몰려와도 절대 울지 않기로 결심했다. 나를 위협하거나 막을 수 있는 것은 아무것도 없다는 것을 사탄에게 단단히 보여 주고 싶었다.

늦은 오후, 나는 차가운 겨울 바람에 대비하여 옷을 두껍게 입고 집을 떠나 연합 모임으로 향했다. 내가 떠날 때, 아내는 아직 아기를 껴안은 채 울고 있었다. 아기의 뇌 조직의 일부가 아직도 두개골 사이로 튀어나와 있었다. 큰딸은 어린 동생을 발코니에서 떨어뜨린 죄책감으로 제정신이 아니었다.

내가 연합 모임에 도착했을 때 윈 형제는 이미 말씀을 전하고 있었다.

나와 동역자들은 의자에 앉아 연합 모임에 참석한 다른 이들에게 어떤 일이 있었는지에 대해 단 한 마디도 하지 않았다. 그리고 저녁 식사 때 우리는 밥을 먹지 않기로 하였다. 집회장에서 금식하며 함께 기도했지만, 다른 사람들에게는 어떤 일이 있었는지 아무런 말도 하지 않았다. 나는 주님께 나의 작은 딸이 얼마나 큰 축복이었는지를, 또 45세의 나이에 그런 아이를 얻은 나의 기쁨이 어떠했는지를 말씀드렸다. 자신을 돌아보면서 혹시나 이 일이 나의 죄 때문에 일어난 일이 아닌지 살펴보았다. 나는 이 일이 내가 주님을 대적하여 생긴 일이라면 불평하지 않겠노라고 주님께 말씀드렸다. "우리가 하나님께 복을 받았은즉 재앙도 받지 아니하겠느뇨……주신 자도 여호와시요 취하신 자도 여호와시오니 여호와의 이름이 찬송을 받으실지니이다"(욥 2:10, 1:21).

첫날 모임이 끝난 후 나를 필요로 하는 가족에게로 돌아갔을 때 아직도 아내와 큰딸은 슬피 울고 있었다. 그들의 눈은 붉게 충혈되어 퉁퉁 부어 있었으며, 아내는 여전히 죽은 아이를 품 속에 껴안고 있었다. 나는 아기의 몸 위로 내 몸을 눕혀 예수 그리스도의 이름으로 간절히 기도했다. 그때 갑자기 아기의 입 속에서 마치 딸꾹질하는 듯한 헐떡거리는 소리가 새어 나왔다. 아이가 숨을 쉬고 있다는 것을 직감한 나는 "하나님을 찬양하라!"라고 외쳤다.

그날 밤 우리 네 식구는 모두 다 한방에서 잠을 잤지만, 아무도 잠을 이룰 수 없었다. 심적으로 완전히 지쳐 쓰러진 우리는 조용히 기도할 뿐이었다. 5시에 일어나 다시 연합 모임에 가서 하루 종일 기도하며 지하 교회 지도자들과 함께 이야기를 나누었다. 물론 그들 가운데 나에게 무슨 일이 일어났는지 아는 사람은 아무도 없었다. 회의는 저녁 10시에 끝났고 나는 다시 집으로 돌아왔다.

집에 들어서는 순간 어제와는 완전히 다른 분위기를 느꼈다. 괴로움은 변하여 기쁨이 되었다. 아내는 아기에게 젖을 먹이고 있었는데, 아기는 숨을 고르게 쉬고 있었으며 볼에 생기가 돌았다. 뿐만 아니라 배고픔을 느끼며 젖을 빨고 있었다. 하나님은 기적적으로 아기의 두개골을 치유하셨으며 삐쭉 튀어나온 뇌의 일부분도 새로운 피부로 덮어 주셨다. 가장 위대한 명의인 '예수' 라는 이름 이외에 그 어떠한 치료도 받지 않은 아기였다. 떨어지고 난 다음 아기에게 남은 상처라고는 이마 가운데의 흉터, 그것뿐이었다.

이런 현저한 회복에도 불구하고, 아기는 여전히 정상이라고 할 수 없었다. 걷지도 움직이지도 못했고, 아직 눈도 감겨 있었으며, 젖을 빠는 것과 숨 쉬는 것 이외의 어떤 동작도 하지 않았다.

나는 아기 이름을 불러 보았다. "셩링(生칫)!" '영적 축복' 이란 뜻이었다. 내 목소리를 듣자마자 아기는 젖 먹기를 멈추고 그 작은 입에서 마치 나를 환영하는 듯한 작은 소리를 내었다. 그날 저녁 나는 주님께서 엄청난 기적을 준비하시고 계심을 신뢰하며 편히 잠을 청할 수 있었다.

다음 날 아침, 일찍 일어나 사흘째 열리고 있는 연합 집회에 참석했다. 여러 모임의 지도자들에게 거대한 회개가 일어났으며 각기 죄를 고백했다. 많은 사람들이 수많은 시간 동안 하나님이 지하교회 안에서 어떻게 역사하셨는지를 간증했을 때, 우리 모두 하나님께서 우리에게 행하셨던 그 일들을 다른 공동체들 가운데서도 행하고 계심을 발견하였다. 긴 세월 동안의 괴로움, 이질감과 불신이 십자가의 발 아래서 철저히 무너지고 있었다. 서로를 포용하며 서로를 주님 안에서 참된 형제와 자매로 인정했을 때 우리 눈에서 눈물이 흘러내렸다. 사탄은 우리가 함께 하나님의 백성으로 연합되는 것을 보고 매우 분개하였다. 사탄은 우리가 각기 따로 일하면서 그동안 우리를 분열시켰던 담으로 인해 계속 약해지기를 바랐기 때문이다. 그러나 예수님이 소망하시는 것은 오직 당신의 자녀들이 함께 걷는 것이다. 예수님은 요한복음 17장 22-23절에서 이같이 기도하셨다.

내게 주신 영광을 내가 저희에게 주었사오니 이는 우리가 하나가 된 것같이 저희도 하나가 되게 하려 함이니이다. 곧 내가 저희 안에, 아버지께서 내 안에 계셔 저희로 온전함을 이루어 하나가 되게 하려 함은 아버지께서 나를 보내신 것과 또 나를 사랑하심같이 저희도 사랑하신 것을 세상으로 알게 하려 함이로소이다.

이러한 연합 집회들이 없었다면 오늘날 중국 지하교회의 각기 다른 가지들간에 연합이란 결코 없었을 것이다. 또 이전의 분열된 상태로는 감히 하나님의 복음을 이슬람교와 불교 그리고 힌두교 국가들을 거쳐 예루살렘으로 전파하는 하나님의 부르심에 순응할 수 없었을 것이다. 특히 셩링이 다시 살아난 이 사건은 백투예루살렘 운동에 대해 내가 이해하고 참여하는 데 있어 하나의 역사적인 순간이었기 때문에 이 개인적인 간증을 나누고자 하는 것이다.

셋째 날 집에 돌아왔을 때, 아내는 여전히 아이에게 젖을 먹이고 있었다. 나는 팔을 들어 말했다. "셩링, 이리 와. 아빠가 안아 줄게." 그때였다. 어린 딸은 한 발을 내게 옮기고 나서 넘어졌다. 하지만 우리 모두는 그 한 발을 내디뎠다는 기쁨에 충만했다. 불과 이틀 전 셩링은 두개골 밖으로 뇌가 튀어나와 죽은 상태이지 않았던가? 기쁨에 겨운 나머지 나는 눈물을 흘렸다.

셩링이 떨어진 지 사흘째 되던 날 밤, 나는 그애가 창문에서 떨어졌을 때 내가 드린 기도의 내용을 가족에게 밝혔다. "당신이 처음 이 아이를 바닥에서 안고 왔을 때, 나는 무릎을 꿇고 하나님께 이렇게 외쳤소. '내 딸을 살려 주시옵소서. 오늘 나의 딸의 몸속에 다시 호흡을 넣어 주시고, 내일은 말할 수 있게 해 주시고, 다음 날은 걸을 수 있게 해 주시옵소서.'"

이 말을 듣는 순간 온 가족은 하나님께서 행하신 크신 기적을 체험하였으며 기쁨으로 가득하였다.

나흘째 아침, 나는 마음속에 넘치는 기쁨을 안고 집회에 참석했다. 하지만 그 기쁨은 순식간에 사라지기 시작했다. 몇몇 가정교회 지도자들이 내게 손가락질을 하면서 말하기를 "이 중요한 집회에 참석하는 모든 사람들은 여기에 남아야 하거늘 당신은 모임이 끝나자마자 매일 부리나케 집으로 도망가니 도대체 당신은 우리의 하나 됨에 관심이나 있습니까?" 그때까지도 이 모임의 다른 지도자들과 아무런 이야기도 나누지 않은 터라 사람들은 나에게 도대체 무슨 일이 일어났는지 알 까닭이 없었던 것이다.

모임의 마지막 행사로, 윈 형제가 말씀을 전하고 나서 모든 지도자들이 각자 집으로 돌아가기 전 다시 한 번 기도하기로 되어 있었다. 윈 형제가 말씀을 전하고 있을 때, 큰딸이 방에 들어와 갑자기 내 귓속에 흥분한 목소리로 속삭이기 시작했다. 동생이 이제는 정상적으로 걷고 말하는 것을 알리기 위해서 여기까지 뛰어왔다는 것이었다! 바로 그때 나는 도저히 일어나지 않고는 견딜 수가 없었다. 나는 일어나서 모두에게 선포했다. "이제야 중국 교회가 하나님 안에서 하나 되는 것이 주님의 뜻임을 알겠습니다!" 백 명이 넘는 지도자들에게 나의 딸 성링에게 일어났던 일을 간증했다. 모두가 하나님을 찬양했다. 또 집에 급히 돌아간 것을 비판했던 사람들도 내게 사과했다.

주님께서는 성링이 발코니에서 떨어진 것을 치유하셨을 뿐만 아니라, 그애를 아주 특별히 축복하여 주셨다. 그는 이제 여덟 살이지만 너무나 총명한 탓에 동기들보다 한 학년 앞서 공부한다! 성링에게 그 사고로 인한 다른 피해는 없었다. 다만 이마에 작은 흉터가 있을 뿐이다. 그것은 마치 주님께서 당신의 은혜와 크신 능력을 보여 주시기 위하여 남겨 주신 것처럼 보인다.

언제라도 여러분의 방문을 환영한다! 여러분은 성링이 얼마나 밝고 활기가 넘치는지 얼마나 온 마음을 다하여서 주님을 사랑하는 아이인지를 볼 수 있을 것이다. 정말 그애에게는 '영적 축복'이란 이름이 걸맞다고 생각한다.

주님께서는 1979년에 처음으로 복음을 예루살렘으로 들고 가는 것에 관하여 내게 말씀하셨다. 그날 이후 이 사명은 나에게 주님을 섬기는 가장 큰 이유가 되었다. 그것이 바로 주님께서 내게 주신 사명이요, 하나님께서 나를 부르시는 소명이기 때문이다.

세계를 품은 기도

1. 우리 중국 교회가 하나님의 뜻을 알아 조금의 지체나 주저함 없이 우리 자신을 하나님께 드릴 수 있도록 기도해 주세요. 또 예루살렘으로 복음을 전파하는 사역에 더더욱 많은 사람들이 부담감을 가질 수 있도록 기도해 주세요.
2. 우리가 세계 곳곳에서 온 이들과 동역하며 주님의 지상명령을 함께 이루어 갈 수 있도록 기도해 주세요. 모든 민족들이 복음의 증인을 만나게 될 때에 주님은 오실 것입니다.

제8장
'백투예루살렘 운동'의 전략

너는 마음을 다하여 여호와를 의뢰하고 네 명철을 의지하지 말라
너는 범사에 그를 인정하라 그리하면 네 길을 지도하시리라(잠언 3:5-6).

백투예루살렘에 대한 비전을 어떻게 실행해 나갈지 그 전략에 대해서 논의할 때, 우리는 가만히 앉아서 작전을 구상하지는 않음을 먼저 밝혀 둔다. 우리가 바라는 것은 오직 하나님의 음성을 듣는 것이지 어떠한 사람들의 의견도 아니다. 우리가 주님의 뜻을 믿음으로 순종할 때에 우리의 사역은 결과와 상관없이 성공하리라는 것을 알기 때문이다. 성공은 하나님께 복종하는 것이며, 실패란 하나님을 거역하는 것이다.

여기서 우리는 하나님께서 알려 주신 백투예루살렘 운동과 관련된 핵심 전략들을 밝히고 싶다. 이 운동이 하나님의 뜻 안에서 뿌리 내리고 하나님의 능력으로 이루어질 수 있도록 모든 일에 지혜 주시기를 기도해 주기 바란다. 우리는 "잇사갈 자손 중에서 시세(時勢)를 알고 이스라엘이 마땅히 행할 것을 아는"(대상 12:32) 자들이 되기를 소망한다.

경로

　비록 중국이 거리상으로는 예루살렘에서 많이 떨어져 있지만, 역사를 보면 놀랍게도 예루살렘과 중국은 2천 년 동안 육로를 통하여 연결되어 있었다. 오랜 세월 동안 중국을 통치했던 한무제(漢武帝, 기원전 138-87)는 비단길을 개척한 황제로 널리 알려져 있다.

　몇몇 고대 문헌에 따르면, 예수님의 죽음과 부활 사건이 있은 지 불과 몇십 년이 지난 시기에, 이 길을 통해 복음이 중국까지 들어왔다는 것을 알 수 있다. 7세기에는 유명한 모험가인 마르코 폴로가 바로 이 비단길을 통하여 중국에 오게 되었다. 그리고 무역의 핵심 통로였던 비단길을 통하여 향료와 보물, 새로운 종교와 침략하는 군대들이 중국을 끊임없이 넘나들었다. 한편 비단길의 반대 끝에 있었던 예루살렘은 유럽과 북아프리카와 중동 지역에 여러 산물을 전한 중심지였다.

　이 길 이름은 중국의 미물 중 하나인 누에에서 따온 것이다. 유럽의 귀족들은 누에가 지은 실을 보고 놀라게 되었고, 후에 계속된 비단 무역으로 인하여 이 험난한 길이 오늘날 '비단길'(실크로드)이라는 이름을 얻게 된 것이다.

　오늘날, 고대의 비단길 주변에 있는 국가들은 세상에서 복음과 가장 관련이 없는 나라들이다. 복음이 선포되어도 굴복하지 않는 세 종교, 즉 이슬람교와 불교와 힌두교가 바로 이 지역에 자리 잡고 있으며, 세계의 미전도 인구 중 90퍼센트가 이 비단길 주변과 중국 변두리에 위치한 여러 국가에 살고 있다. 세계 인구 중 20억이 바로 이곳에서, 예수님께서 그들을 대신하여 죽으셨다는 것과 예수님만이 구원을 주시는 분이라는 그 기쁜 소식을 듣지 못한 채 태어나, 살고, 생을 마감한다는 것이다!

　많은 사람들은 '비단길'이 존재한다는 것은 알지만, 중국 역사에 등장하는 비단길이 여러 개라는 사실을 아는 사람은 드물다. 비단길 중에서 핵심 노정(路程)은 고대 중국의 수도였던 시안(西安)에서 시작하여 예루살렘과 더 먼 곳에 이르기까지였다. 또한 중국 남부(중국의 소수 민족 대부분이 여기에 거주)를 거쳐 동남아시아에 이르러 베트남과 미얀마에 들어가는 남부 노정도 있었다. 남부 노정을 통과하는 산물은 결국 핵심 노정을 따르게 되어 예루살렘, 유럽 그리고 중동에 도착하게 된다.

또 하나의 무역로는 쓰촨성(四川省)에 위치한 청두(成都)를 시발점으로 삼아 라싸(拉薩)를 통과한 후 남쪽으로 꺾어 부탄에 이르며, 티베트 불교와 힌두교의 발생지인 오늘날의 인도 북부 지역과 네팔을 거치기도 한다. 이 비단길 노정도 역시 예루살렘과 중국을 잇는 핵심 비단길 노정과 합쳐진다. 또 해상경로를 포함하여, 상대적으로 잘 알려지지 않은 여러 경로도 고대시대부터 존재했다. 당 왕조에 이르러서는 아프리카의 동쪽 연안까지 이어지는 해상무역 체계가 성립되기까지 하였다.

중국의 지하교회 지도자들이 비단길 노정이 여러 개 있다는 사실을 깨달았을 때, 백투예루살렘 운동에 대한 하나님의 부르심을 한층 더 구체적으로 깨달을 수 있었다. 우리는 서쪽의 이슬람 국가들만을 전도할 것이 아니라, 서남 중국에 살고 있는 소수 민족과 동남아시아의 국가들에게도 복음을 전해야 한다는 것을 깨닫게 된 것이다. 우리의 비전은 일본, 북한, 몽골과 같은 북아시아 국가까지 포함한다. 사실, 하나님께서는 이 세 나라로 복음을 들고 가야 할 부담을 여러 선교사들에게 주셨고, 이미 많은 지체들이 거기에서 주의 이름을 위하여 헌신하고 있다.

성령은 이미 서로 연결된 여러 교회들을 부르셔서 특정한 지역을 감당케 하셨다. 예를 들어, 어떤 조직망은 티베트의 여러 지역으로 선교사 가정들을 파송했는데, 그들이 티베트 불교 세계를 향한 복음화의 선두 주자가 된 것은 당연한 이치다. 또 다른 조직망은 지금까지 중국 서남부를 향한 부담을 몇 년째 품고 있다. 거기의 소수 민족 중 많은 부족들이 국경선을 넘어 베트남, 라오스, 타이, 미얀마와 같은 국가로 이주한다. 그 조직망은 남부 경로를 통해 백투예루살렘 사역을 전담하고 있다.

사역자들

우리는 가장 뛰어난 일꾼만을 백투예루살렘 선교사로 파송하려 한다. 제대로 된 군대라면 절대로 경험이 전혀 없는 어린 병사들을 전선의 최전방에 내보내지 않는다. 마찬가지로 우리는 훈련을 가장 많이 받은 노련한 사역자들만을 백투예루살렘 행군의 선두 주자로 보낼 것이다.

2000년에 중국 밖으로 파송할 첫 팀의 인원을 결정할 때 우리는 지하교회의 리더로 적어도 10년 이상 섬기고 하나님의 나라를 위하여 고난을 겪은 경험이 있는 사람, 그리고 사역에 많은 열매를 거둔 사람만을 선발하였다. 이렇게 발탁된 39명의 일꾼들은 하나같이 모두가 강건한 주님의 용사들이었다. 백투예루살렘 사역은 강하지 않고는 결코 할 수 없는 일이다. 그들 가운데 36명이 선교를 시작한 지 불과 며칠 만에 체포되었다!

39명의 사역자 가운데 36명이 체포되었다는 소식을 들었을 때 지하교회가 조금이라도 아찔해했을 것으로 생각하는가? 천만의 말씀이다! 중국 전역의 모든 성도들은 오히려 세 명의 선교사를 무사히 중국 밖으로 파송할 수 있었던 기적에 대하여, 눈물을 흘리며 주님께 두 손 높이 들고 감사하였다! 우리는 비록 인간의 눈에 하잘것없이 보일지라도 어떠한 형태로든 복음이 진전되기만 하면 감사할 줄 아는 법을 배웠다.

체포되었던 나머지 36명의 선교사들은 집으로 돌아와 기도의 제단을 충실히 쌓은 후, 하나님께서 그들에게 맡기신 국가를 향하여 또다시 발길을 옮겼다.

백투예루살렘 운동에는 두 부류의 일꾼이 있는데, 그것은 앞으로도 마찬가지일 것이다. 한 부류의 일꾼은 한 번에 일 년 정도의 짧은 기간 동안 중국을 떠나 주님을 선포하며 주님이 지시하시는 대로 그 나라를 섬기다가 귀국하여 하나님의 다음 지시를 기다린다. 또 한 부류의 일꾼은 아브라함과 같다. 그들은 하나님이 지시하시는 곳으로 집을 옮겨 정착하고 성령의 직접적인 지시 없이는 돌아오지 않는다.

예수님도 마찬가지로, 단기 선교사와 장기 선교사를 파송하셨다. 그들은 각기 소명이 달랐기에 예수님은 이 두 부류에게 완전히 다른 지시를 내리셨다. 단기 선교사들이었던 열두 제자에게 예수님이 말씀하셨다, "여행을 위하여 아무것도 가지지 말라 지팡이나 주머니나 양식이나 돈이나 두 벌 옷을 가지지 말며 어느 집에 들어가든지 거기서 유하다가 거기서 떠나라 누구든지 너희를 영접지 아니하거든 그 성에서 떠날 때에 너희 발에서 먼지를 떨어 버려 저희에게 증거를 삼으라"(눅 9:3-5).

하지만 최후의 만찬에서, 열두 제자들을 떠나게 될 것을 아신 예수님은 제자들이 세상 방백을 향해 나아가기를 원하셨다. 이때 예수님께서 그들에게 장기 선교사의 직분을 맡기셨다. "저희에게 이르시되 내가 너희를 전대와 주머니와 신도 없이 보내었을 때에 부족한 것이 있더냐 가로되 없었나이다 이르시되 이제는 전대 있는 자는 가질 것이요 주머니도 그리하고 검 없는 자는 겉옷을 팔아 살지어다"(눅 22:35-36).

예수님의 제자들이 훈련받은 것처럼 백투예루살렘 운동에 동참하는 모든 선교사들도 다양한 부분에서 훈련받게 된다. 훈련 내용 중 몇 가지를 소개하면 다음과 같다.

1. 문화 장벽을 극복하는 법 : 우리 선교사들은 다른 문화와 의사소통을 위한 훈련을 받는다.
2. 특정 대상에게 전도하는 법 : 이슬람 지역에서 섬길 일꾼들은 이슬람 신자들을 지혜롭게 대하면서 전도하는 법을 훈련받는다. 불교 국가를 목표로 삼은 일꾼들은 불교 신자들의 가치관과 세계관을 배운다. 주님께서 친히 각 일꾼에게 당신의 전략을 가르쳐 주시기를 끊임없이 기도한다.
3. 주님을 위하여 고난과 죽음을 맞이하는 법 : 우리는 성경책에서 말씀하는 고난에 대해 깊이 묵상하며, 주님의 사람들이 복음의 진전을 위

하여 그들의 목숨을 내려놓은 사례들을 역사 속에서 찾아보며 배운
다.

4. 주님을 위한 증인이 되는 법: 선교사가 어떠한 상황에 처해 있더라도
   주님을 증거하는 방법을 교육한다. 버스나 기차 안에서, 심지어·사
   형 받으러 가는 도중 경찰차 안에서도 우리는 증인이 되어야 하기 때
   문이다.

5. 탈출하는 법: 하나님이 주님을 증거하기 위해 우리를 감옥에 보내실
   때도 있지만, 다른 한편 사탄이 선교사역을 방해함으로 인하여 감옥
   에 가게 될 수도 있음을 안다. 따라서 우리는 선교사들에게 30초 내
   에 혼자서 수갑을 푸는 방법과 2층에서 아무런 부상 없이 뛰어내리는
   방법을 가르친다.

이것은 신학교나 '보통의' 신학대학원이나 성경대학교의 방법이 아니
다! 만일 여러분이 우리를 방문한다면, 손이 등 뒤로 묶인 채 2층에서
뛰어내리는 연습을 하는 것을 볼 수 있을지도 모른다. 이처럼 우리는 하
나님이 부여한 소명을 완수하는 것을 매우 진지하고 심각하게 생각한
다. 모든 무슬림들과 힌두교인과 불교인들을 예수님의 말씀과 구원으로
부터 가로막는 장벽을 깨뜨리기 위해서 적어도 이 정도의 훈련은 필요
한 것이다.

팀

군대라고 다 같은 것은 아니다. 어떤 군인들은 장기간의 전략적인 임
무를 맡는가 하면, 또 다른 군인들은 한 평의 땅을 점령하는 임무를 맡
고, 혹은 상륙 거점을 확보하는 작전 같은 단기간 전략을 수행하기도 한
다. 군인들 가운데 몇은 장교이며, 몇은 작전을 구상하는 이들이며, 또
보급을 책임지는 병사들도 있다. 여러 역할들이 있지만 그 어떠한 역할

도 다른 역할보다 중요하다고 할 수 없다. 군대가 목적을 달성하기 위해서는 모든 역할들을 성실하게 이행해야 한다. 백투예루살렘 운동 역시 마찬가지다. 지도자가 있고 훈련교관들이 있는가 하면 중보기도 하는 사람들도 있고 일을 추진하는 사람들도 있다. 또 장·단기 현장 사역자들의 육체적인 필요와 영적인 필요를 돌봐 주는 목사로 구성된 팀도 있다.

우리의 전략은 몇 명의 개인이나 혹은 두세 명으로 구성된 작은 팀을 보내어 잃어버린 영혼들을 찾아오는 것이 아니다. 우리는 많은 일꾼들을 팀으로 구성해서 파송하려 한다. 이 전략은 신약성경에서 나타나는 예수님의 사역, 바울의 사역 그리고 다른 이들의 사역에 그 바탕을 두고 있다. 이러한 팀 선교 전략은 많은 장점을 가지고 있으며, 특히 그리스도인이라고는 한 사람도 없는 영적인 흑암 지역에서는 더욱 빛을 발한다. 팀의 일원들은 서로를 위로하고 격려하고 신뢰하며 물질도 공유한다. 이런 이유로 팀 사역이 개인 사역보다 훨씬 더 많은 열매를 맺을 수 있다.

하나님은 우리가 혼자 일하기보다는 팀으로 일하는 것을 원하신다. 성경을 살펴보면 예수님도, 모세도, 다윗도, 바울도 모두 팀 사역을 했던 것을 알 수 있다.

사도 바울의 팀들은 여러 민족, 다양한 직업적 배경을 가진 이들로 구성되었다. 성경에 드러난 바울의 팀들을 살펴보도록 하자.

1. 바울은 유대 학자였으며 장막 만드는 일을 했다(행 18:3 참고).
2. 브리스길라와 아굴라는 올리브 빛깔 피부를 가진 이탈리아인들이었다(행 18:2).
3. 누가는 의사였다(골 4:14).
4. 구레네(현 아프리카 대륙의 리비아)에서 온 그리스도인들(행 11:19-21) 은 이슬람교가 전파되기 한참 전인 이때 검은 피부를 가졌으리라 추정된다.

5. 가이오와 아리스다고는 소아시아의 마케도니아인들이었다(행 19:29).
6. 세나는 교법사(敎法師)였다(딛 3:13).
7. 오네시모는 노예였다(몬 1:10).

이렇게 다양하게 구성된 팀이 복음을 전하러 한 마을에 도착했을 때의
그 강력한 영향력을 상상해 보라! 갈색, 흰색, 검은색 피부를 가진 이들
이 서로의 신체적, 문화적, 언어적 차이에도 불구하고 서로를 사랑하며
섬기고, 의사와 변호사에서부터 노예에 이르기까지, 직업적 배경이 너무
나 다르나 주 안에서 하나 된 모습을 보이는 사람들. 이렇게 혼란하고
분열된 세상에서 이들이야말로 가장 권능이 있는 증인들이 아니겠는가!

사람들이 격리된 채로 번식하게 될 때에 유전적 결함과 질병이 생긴다
는 것은 역사적으로 증명된 사실이다. 교회에서도 같은 원칙이 적용된
다. 다른 교회의 성도들과 동역하고 교제할 때, 서로의 생각을 배우게
되고 각자의 장점들이 뚜렷하게 나타나게 마련이다. 성도들이 생각을 나
누면 서로의 장점들이 계발되어 결과적으로 그리스도의 몸이 강건해지
므로 하나님은 성도간의 교류를 원하신다.

하나님께서는 비록 중국 교회에 백투예루살렘의 비전을 구체적으로 맡
기셨지만 우리에게 중국인이 아닌 다른 국가의 형제자매들을 보내 주셔
서, 우리의 비전을 함께 이루기 위해 충고하며 연구한 바를 공유하고 문
화간 의사소통을 할 수 있도록 훈련시키며 서로 격려하고 동역하게 해
주셨다. 때로는 아랍 그리스도인들이 우리에게 찾아와서 무슬림들에게
어떻게 복음을 효과적으로 전할 수 있는지 가르쳐 주는가 하면, 티베트
의 신도들이 티베트고원에서 내려와 우리가 티베트의 불교 신자들을 대
할 때 어떠한 잘못을 저지르는지에 대해서 충고해 주기도 한다. 외국에
서 온 형제자매들이 우리의 정신과 영혼을 넓혀 주어서 우리가 알던 세
상보다 더욱 넓은 세상을 맞이할 수 있도록 준비해 주셨던 것이다.

우리는 언제나 열린 마음으로, 동기가 선하고 주님께 받은 재능과 기

술이 우리의 사역에 유익한 형제자매들을 맞이할 준비가 되어 있다.

> 이는 성도를 온전케 하며 봉사의 일을 하게 하며 그리스도의 몸을 세우려 하심이라. 우리가 다 하나님의 아들을 믿는 것과 아는 일에 하나가 되어 온전한 사람을 이루어 그리스도의 장성한 분량이 충만한 데까지 이르리니 …… 그에게서 온몸이 각 마디를 통하여 도움을 입음으로 연락하고 상합하여 각 지체의 분량대로 역사하여 그 몸을 자라게 하며 사랑 안에서 스스로 세우느니라(엡 4:12-13, 16).

자금

우리는 애초부터 백투예루살렘 사역에 많은 대가를 치러야 함을 예상하였다. 물론 대가란 단지 돈만을 말하는 것이 아니라, 이 비전을 펼쳐 가는 가운데 많은 그리스도인들이 고난을 당하고 순교를 맞게 될 것도 염두에 둔 것이다. 많은 이들은 다시는 중국과 사랑하는 이들을 보지 못할 각오로 편도티켓만 가지고 중국을 떠나갈 것이다.

많은 돈이 들 것도 알고 있다. 이를 위해 중국 교회들이 가난함에도 불구하고, 우리는 사역을 목적으로 이미 몇만 달러의 자금을 모아 두었다. 이 일은 많은 중국인들이 마케도니아의 교회처럼 그들의 가진 전부를 바쳐서 헌신하였기에 가능했다. "환난의 많은 시련 가운데서 저희 넘치는 기쁨과 극한 가난이 저희로 풍성한 연보를 넘치도록 하게 하였느니라 내가 증거하노니 저희가 힘대로 할 뿐 아니라 힘에 지나도록 자원하여"(고후 8:2-3).

백투예루살렘 운동을 위한 자금을 어떻게 마련할 것인지에 대해서 종종 질문을 받는데 그에 대한 대답은 간단하다. 지금 우리는 자금을 위해 달려가지는 않는다! 하지만 지금까지 자금을 마련하여 주신 하나님을 신뢰하며 앞으로도 사역을 위한 모든 자금을 주님의 손에 맡길 것이다. 우리는 해외에서 일하는 일꾼들을 후원할 자금이 어디에서 올지 모르지만, 그 근원은 언제나 사람의 손에 있지 않으며 오직 하나님이 예비하시는 손길에 달려 있다고 믿는다. 만약 당신이 이 비전을 후원하고 싶다면 물질보다 이 비전을 향한 당신의 마음과 자세가 우리에겐 더욱 중요하다.

그러므로 우리는 백투예루살렘을 위한 자금의 출처에 크게 상관하지 않는다. 예비하심은 하나님의 몫이며 우리의 몫이 아니기 때문이다. 수십 년 동안 우리는 중국 사역을 위하여 예비하시는 하나님의 손길을 체험했다. 하나님께서 우리를 위하여 행하신 모든 일들을 기록하자면 몇 권의 책으로도 부족할 것이다.

지금 머릿속에 떠오르는 간증을 하나 나누고 싶다. 1980년대 후반에 허난성에서 온 십대 소녀 두 명이 하나님의 부르심을 받아 복음을 듣지 못한 투(Tu)족과 몽골족 같은 소수 민족에게 복음을 전하러 대륙을 횡단하여 칭하이성에 이르렀다. 그들은 돈도 없고 돌아올 티켓도 없었으며 연락할 사람도 없었다. 그 지역에 복음을 아는 사람이라고는 단 한 사람도 없었다. 마을 사람들을 보게 되자 두 소녀는 그 사람들의 영혼을 불쌍히 여겨 사랑하게 되었고 그들에게 그리스도의 복음을 전하려 했지만, 동네 여성들이 그들을 대적하여 집 밖으로 내쫓았다. 잘 곳이 없었던 두 소녀는 헛간과 덤불 아래서 잠들어야 했으며, 고난과 배고픔을 이겨 내며 복음을 전했지만 복음을 듣는 이는 아무도 없었다. 결국 이 소녀들은 주님께서 기적을 베풀어 주시지 않는다면 죽을 수밖에 없는 환경에 처하게 되었다.

하지만 주님께서는 당신의 자녀들이 어려움에 처해 있을 때 절대로 그냥 내버려 두시지 않는다! 어느 날 두 소녀는 마을 근처에 빈 동굴이 하나 있다는 이야기를 듣게 되었다. 그 동굴은 귀신이 출몰한다고 하여 주민들은 근접도 하지 않는 곳이었다. 두 소녀는 이것을 하나님의 예비하심으로 믿고 동굴 안에서 살기 시작하였고 혹 악한 영들이 있을까 싶어

깨어 기도하였다. 하지만 여기에서도 그들은 괴롭힘을 당하였다. 밤에는 늘 늑대 우는 소리와 흡사한 소리에 시달려 잠을 이루지 못했는데, 나중에 알고 보니 그 소리는 그들을 괴롭히려 했던 몇 명의 어린아이들이 낸 소리였다.

겨울이 되자 기온은 영하로 떨어졌고, 소녀들은 추위를 피하기 위해 이웃 집으로 들어가려 했으나 모두 내쫓겼다. 무척이나 괴로운 세월을 보내야만 했다. 이 두 소녀는 두 눈에 가득한 눈물로 주님의 도우심을 구하며 기도했다. 어느 날 저녁, 그들은 어느 때보다 더 심히 굶주리고 낙담해 너무나 괴로운 탓에 잠이 들 때까지 기도하였다. 그런데 이게 어찌 된 일인가? 아침에 일어나 보니 동굴 입구에 밤새 버섯이 자라 있었다. 그들은 버섯을 삶아 먹으며 영양분이 많은 음식을 주신 하나님께 감사드렸다.

그런데 다음 날 아침, 같은 자리에 또 버섯이 자라 있었다! 이 일은 일 년 동안 매일같이 반복되었다. 겨울이 되어서도 버섯들은 눈 속에서 자라났으며, 소녀들은 이 버섯들을 여러 가지 방법으로 삶고 튀기고 볶았다. 주님께서 예비하신 버섯이기에 언제나 맛이 좋았다.

세월이 지나 드디어 소녀들이 그 지역에서 인정을 받게 되었다. 결국 소녀들은 동네 여성들을 한 명씩 주님께로 인도하여 이 소수 민족은 역사상 처음으로 조촐한 친목회까지 가졌다. 그리고 한 해가 지났을 무렵, 두 소녀 중 한 명이 동네 식당에서 설거지 일을 하게 되었는데, 그제야 동굴 밖에서 자라나던 버섯이 사라지게 되었다!

그 '귀신이 들끓었던' 동굴은 몇 년 동안 새신자를 위한 성경공부센터로 활용되었으며, 그 지역에서 수백 명의 사람들이 예수님께 나아오게 되었다.

하나님을 섬길 때, 우리는 그분의 성품과 인도하심을 따르는 일에 집중해야 한다. 이렇게 할 때, 물질은 항상 하나님을 순종하는 그 자리에 있다는 것을 알기 때문에 우리는 염려하거나 부담을 갖지 않는다. 허드슨 테일러가 말했다. "하나님의 일은 하나님의 방법대로 진행하기만 하면 그 예비하심에 있어 결코 부족함이 없다." 그는 이 말을, 가르치는 것에 그치지 않고 그의 일생을 통하여 증명했다. 우리는 그의 말이 아닌 그의 삶을 보고 배웠던 것이다.

또한 엘리야의 삶 가운데서도 이 진리가 역사하는 것을 볼 수 있다.

> 여호와의 말씀이 엘리야에게 임하여 가라사대 너는 여기서 떠나 동으로 가서 요단 앞 그릿 시냇가에 숨고 그 시냇물을 마시라 내가 까마귀들을 명하여 거기서 너를 먹이게 하리라 저가 여호와의 말씀과 같이 하여 곧 가서 요단 앞 그릿 시냇가에 머물매 까마귀들이 아침에도 떡과 고기를, 저녁에도 떡과 고기를 가져왔고 저가 시내를 마셨더니(왕상 17:2-6).

하나님께서 우리에게 무엇인가를 명하실 때에는 언제나 그 뒤에 그분의 예비하심을 두신다.

엘리야는 이 일을 경험하였음에도 불구하고, 이세벨의 협박에 두려움을 느껴 광야로 도망하였다. 하나님께서는 거기로 가라는 말씀을 하지 않으셨지만 성경에는 이렇게 기록되었다. "저가 이 형편을 보고 일어나 그 생명을 위하여 도망하여 유다에 속한 브엘세바에 이르러 자기의 사환을 그곳에 머물게 하고 스스로 광야로 들어가 하룻길쯤 행하고 한 로뎀나무 아래 앉아서 죽기를 구하여 가로되 여호와여 넉넉하오니 지금 내 생명을 취하옵소서 나는 내 열조보다 낫지 못하니이다 하고"(왕상 19:3-4). 하나님께서는 도망치라는 말씀을 하지 않으셨음에도 도망친 엘리야를 위해 천사를 예비하셔서 갓 구워낸 빵과 물을 가져다주셨다!

우리가 하나님을 신뢰하고 그의 인도하심에 순종하면, 하나님께서는 백투예루살렘 운동을 위하여 모든 것을 예비하실 것이다. 그 예비하시는 방법은 온전히 주님께 맡기는 것이다. 하나님께서는 농촌에서 생활하는

모든 그리스도인들을 감화시키셔서 하루에 닭 한 마리와 계란으로 후원
하게 하여, 백투예루살렘 운동을 위한 자금을 마련하실 수도 있다. 만일
그리하신다면 하루에 백만 개의 계란을 후원받게 되는 셈이다! 또 해외
에 있는 그리스도인들을 통해서 그 비전을 후원케 하실 수도 있다. 우리
는 하나님의 방법을 알 수 없다. 그 방법의 선택은 오직 하나님께만 있
기 때문이다.

우리는 서방의 많은 그리스도인들에게 넘치는 물질이 있으나 활동력은
매우 약함을 잘 알고 있다. 그들은 금과 은을 소유하였지만, 그리스도의
이름을 위하여 그들의 소유를 내어놓지 않는다. 중국에 있는 우리는 하나
님을 향한 시선을 방해할 정도의 물질을 가지고 있지 않기에, 주님을 위
하여 힘차게 일어서는 것을 방해할 요소도 없다. 중국 교회의 목회는 마
치 미문에 앉아 있는 베드로의 목회와 같다. 베드로가 앉은뱅이에게 소리
친다. "은과 금은 내게 없거니와 내게 있는 것으로 네게 주노니 곧 나사
렛 예수 그리스도의 이름으로 걸으라"(행 3:6). 우리는 사람들에게 보여
줄 큰 행사나 화려한 복음발표회 같은 것을 할 만한 여력이 없다. 그들에
게 우리가 나눠 줄 수 있는 것은 오직 예수님뿐이다.

우리는 중국 교회가 하나님의 뜻에 이끌려 서구의 교회를 깨우고, 그
들이 성령의 능력으로 걸을 수 있도록 돕기를 간절히 기도한다. 중국 교
회의 현 상황에 비추어 볼 때, 우리가 잠이 든다는 것은 거의 불가능한
일이다. 우리로 하여금 항상 뛰게 하는 일들이 비일비재하게 놓여 있는
데, 뛰면서 자기란 불가능한 일 아닌가!

세상의 기준에 비추어 볼 때 가난이나 배움이 없다는 현실이 선교사에
게 크게 상관없다는 것을 우리는 익히 잘 알고 있다. 다만 중요한 것은
하나님의 손길이 그 사람 위에 있는지 없는지를 아는 것이다. "사람의
행위가 여호와를 기쁘시게 하면 그 사람의 원수라도 그로 더불어 화목하
게 하시느니"(잠 16:7). 그리스도인에게 주어지는 하나님의 선물은 멋진
기회로 이어지는 위대한 문을 열어, 결국에 하나님께 영광을 돌리고 그

의 나라를 확장시키기까지 한다. "선물은 그 사람의 길을 너그럽게 하며 또 존귀한 자의 앞으로 그를 인도하느니라"(잠 18:16).

우리는 하나님께서 어떠한 방법으로 백투예루살렘 운동을 예비하실지 모르지만 하나님의 손길에만 집중할 것이며 사람의 손을 바라보지 않을 것이다. 우리는 이 비전이 주님께 매우 귀중하다는 사실과, 주님께 겸손히 의지하여 일용할 양식을 구하지 않는 자들은 하나님이 이 비전에 동참시키지 않을 것으로 굳게 믿는다. "무릇 사람을 믿으며 혈육으로 그 권력을 삼고 마음이 여호와에게서 떠난 그 사람은 저주를 받을 것이라"(렘 17:5).

지렁이로 이루어진 군대

백투예루살렘 운동과 지상명령은 강한 상대와 대적하고 있다. 이슬람교는 10억 명 이상의 영혼들을 포로로 잡아 두고 눈이 멀게 하였으며, 불교와 힌두교는 이천 년 이상의 유구한 역사를 자랑한다. 기독교의 오랜 선교 역사에도 불구하고 사탄은 철옹성과 같은 이 영적 요새들 속에 안전함을 느끼면서 살아간다.

믿음으로 무장한 성도들이 하나님의 제단의 불을 들고 이 어두운 영역으로 내려가 말씀을 선포하여 그 불을 더욱 환히 빛내는 순간, 사탄은 분명히 격노할 것이다. "그러나 땅과 바다는 화 있을진저 이는 마귀가 자기의 때가 얼마 못 된 줄을 알므로 크게 분내어 너희에게 내려갔음이라"(계 12:12).

사탄은 피비린내 나는 전쟁 없이는 결코 물러서지 않을 것이다! 하지만 사탄이 하나님의 자녀들을 대적할 때는 실로 하나님을 대적하는 것이며, 하나님의 연약함은 마귀의 강함보다 더 강력하므로 우리는 염려할 필요가 없다. 하지만 이 전쟁에는 반드시 많은 피가 요구된다. 우리가 이슬람교와 불교와 힌두교를 능히 이길 수 있는 가장 강력한 수단은 우리의 생명과 피를 흘리기까지 복음을 선포하는 것이다. 사탄이 그리스도인 한 명 한 명을 해치려 할 때마다, 복음의 빛은 더욱 환히 빛나고 사람들을 지배하려는 사탄의 손길은 점점 약해질 것이다.

사우디아라비아, 아프가니스탄, 이란과 같은 국가로 복음을 들고 가는 군대는 그 지역들을 짓밟으며 전진해 나가는 거대한 코끼리 군대가 아니다. 많은 경우에 선교사들이 '코끼리' 작전, 즉 적진에 쳐들어가 사탄의 모든 요새를 무너뜨리고 사로잡은 포로들을 풀어 준다는, 말 그대로 너무나 크고 웅장한 작전을 구상한다. 하지만 문제는 자신의 지역에 쳐들어오는 코끼리들이 경비병의 눈에 너무나 잘 띈다는 것이다! 코끼리들은 너무나 큰 소리를 내기에 숨는 것이 불가능하며, 크고 느리기 때문에 쉽사리 잡혀 버린다. 요즘 많은 사역들이 이러한 방식으로 이루어지는 듯하다. (우리가 일방적인 입장에서 말하는 것을 이해해 주길 바란다. 지금 이 순간에도 세계 전역의 수많은 그리스도인들이 성실히 일하고 있음을 알고 있으며, 하나님께서 그들을 축복하시기를 바란다!)

부처의 집, 힌두의 집과 모하메드의 집을 무너뜨리기 위하여, 주님께서는 코끼리 부대를 보내시기보다는 곤충이나 기어 다니는 것으로 구성된 조용한 군대를 파견하기를 원하신다.

인간적인 기준에서 볼 때, 중국의 교회는 강하지 않다. 큰 계획이나 많은 물질이 있는 것도 아니다. 하지만 수십 년간 중국의 혹독한 환경에서 살아남은 결과, 우리는 작은 개미와 지렁이와 땅 밑에서 일하는 흰개미처럼 지하에서 조용히 일하는 법을 배웠다. 하나님의 말씀은 우리가 영적인 전쟁을 해내야 한다는 것을 가르쳐 줌과 동시에 우리와 같은 미물에게 새 힘과 큰 격려를 준다.

지렁이와 같은 너 야곱아, 너희 이스라엘 사람들아 두려워 말라
나 여호와가 말하노니 내가 너를 도울 것이라 네 구속자는 이스
라엘의 거룩한 자니라 보라 내가 너로 이가 날카로운 새 타작

기계를 삼으리니 네가 산들을 쳐서 부스러기를 만들 것이며 작은 산들로 겨 같게 할 것이라 네가 그들을 까부른즉 바람이 그것을 날리겠고 회리바람이 그것을 흩어 버릴 것이로되 너는 여호와로 인하여 즐거워하겠고 이스라엘의 거룩한 자로 인하여 자랑하리라(사 41:14-16).

코끼리는 민감하게 반응하는 환경으로 들어가 전진하는 것에 어려움을 겪을 수밖에 없지만, 작은 지렁이와 개미는 어느 곳이든 갈 수 있다. 그들은 신전이나 이슬람 회당이나 심지어 왕궁에도 들어갈 수 있다.

땅에 작고도 가장 지혜로운 것 넷이 있나니 곧 힘이 없는 종류로되 먹을 것을 여름에 예비하는 개미와 약한 종류로되 집을 바위 사이에 짓는 사반과 임군이 없으되 다 떼를 지어 나아가는 메뚜기와 손에 잡힐 만하여도 왕궁에 있는 도마뱀이니라(잠 30:24-28).

이것이 바로 중국 그리스도인들이 백투예루살렘 운동을 일으키는 전략이다. 우리는 소리 내지 않고 비밀리에 주님의 일을 행할 것이기에, 우리를 감지하기란 쉽지 않을 것이다. 비록 여러분이 중동과 동남아시아에서 전해 오는 화려한 승전고를 들을 기회가 많지는 않겠지만, 우리 개미들, 지렁이들, 흰개미들이 이미 그곳에 자리를 잡아 이슬람교와 불교와 힌두교의 기초를 천천히 그리고 조금씩 무너뜨려 가고 있음을 믿고 안심하기 바란다. 우리는 주님께서 지난 50년간 우리들로 하여금 중국 땅에 지하교회를 형성하게 하신 것처럼 그 국가들에서도 일반 가정에서 예배드리고 교제 나누는 가정교회를 형성할 것이며, 우리들의 노력으로 크고 작은 교회들을 세우지 않기로 결심했다. 우리는 그 어떠한 곳에서도 단일의 교회 건물을 세우지 않을 것이지만, 주님은 친히 예수님을 모퉁이돌 삼으셔서 살아 있는 반석으로 교회를 세워 나가실 것이다.

흰개미를 감지하기란 매우 힘들다. 그들은 가정의 벽과 마루판 아래서 서서히 그 집을 파괴해 나가지만, 그 웅장한 집 주인은 그 집의 토대가 서서히 없어지는 것을 알지 못하여 그 집이 무너질 때까지 아무런 손도 쓰지 못한다. 작은 흰개미는 코끼리조차도 해낼 수 없는 일을 해낼 수 있는 것이다.

성경에는 미물이 위대한 자들의 집에 큰 혼란을 일으키는 여러 경우가 나온다.

강퍅하고 교만한 바로가 하나님의 백성을 풀어 주지 않았을 때, 하나님이 천사의 군단을 보내지 않고 개구리와 이와 파리를 보내신 것을 볼 수 있다. 모세는 하나님께서 바로에게 행하실 일을 다음과 같이 말하였다.

> 네가 만일 보내기를 거절하면 내가 개구리로 너의 온 지경을 칠 지라 개구리가 하수에서 무수히 생기고 올라와서 네 궁에와 네 침실에와 네 침상 위에와 네 신하의 집에와 네 백성에게와 네 화덕에와 네 떡반죽 그릇에 들어갈지며 개구리가 네게와 네 백 성에게와 네 모든 신하에게 오르리라 하셨다 하라(출 8:2-4).

바로는 그가 억압하며 통치하는 이스라엘 노예들 때문에 염려하지 않았으므로 하나님에 대한 경외심도 없었다. 하지만 이 작은 생물들이 그를 괴롭히자 하나님의 뜻에 굴복할 수밖에 없었다! 이렇듯 커다란 자극보다 오히려 작은 미물들의 연합된 노력이 가장 효과적일 때가 많다.

요엘서의 두 번째 장을 보면 메뚜기 떼를 시각적으로 생생히 표현하는 구절이 나온다. 주님께서는 이 메뚜기 떼를 "너희에게 보낸 큰 군대"(욜 2:25)라고 표현하신다. 요엘이 당시의 바벨론 군대를 지칭하여 메뚜기떼를 말하였지만, 그 군대의 특성은 곰곰이 생각해 볼 가치가 있다. 이 메뚜기 떼가 사역에서 가장 효과적인 이유를 살펴보도록 하자.

> 그 앞에서 만민이 송구하여 하며 무리의 낯빛이 하얘졌도다 그
> 들이 용사같이 달리며 무사같이 성을 더위잡고 오르며 각기 자
> 기의 길로 행하되 그 항오를 어기지 아니하며 피차에 부딪히지
> 아니하고 각기 자기의 길로 행하며 병기를 충돌하고 나아가나
> 상치 아니하며 성중에 뛰어 들어가며 성 위에 달리며 집에 더위
> 잡고 오르며 도적같이 창으로 들어가니…… 여호와께서 그 군대
> 앞에서 소리를 발하시고 그 진은 심히 크고 그 명령을 행하는
> 자는 강하니 여호와의 날이 크고 심히 두렵도다 당할 자가 누구
> 이랴(욜 2:6-9, 11).

개미와 흰개미는 협동정신을 지니고 있다. 그들은 매우 작기에 스스로
아무것도 할 수 없다는 것을 알고 목표를 위해서 함께 일하며 "항오를
이루어 전진한다". 국가들이 개미와 지렁이로 이루어진 군대가 자신들의
눈을 피해 침공했다는 소식을 들을 때는 이미 늦었기에, 우리를 결코 막
아 낼 수 없으리라!

헤롯은 하나님과 그의 백성을 경외하지 않은 왕이었다. 세상의 모든
방백과 같이, 그는 교만하고 오만하여 사람과 하나님을 두려워하지 않았
다. 그 자신이 스스로에게 율법이었고 그의 권위가 절대적이었으며 그의
주권은 확고부동하리라 믿었다. 분명 오늘날의 이슬람교와 불교와 힌두
교 국가들이 이런 생각을 품고 있을 것이다! 그들은 자신을 참된 진리의
소유자로 여기는데다 확고하게 세워진 전통으로 인하여 기독교의 흔적이
조금이라도 발견되면 즉시 핍박이라는 채찍을 들이댈 것이며, 주님이 은
혜로 보내시는 영적인 빛이 비추이면 모조리 소멸시킬 것이다. 그들의
무지가 얼마나 큰지! 그들은 예수 그리스도께서 땅과 천국의 모든 권세
를 쥐고 계심을 알지 못한다!(마 28:18). 그들은 왕의 왕이시며 주의 주

이신 주님께서 의로운 숨결로 그들을 멸망시킬 것을 모른 채, 자신이 안전할 것으로 착각하고 있다. 이사야 선지자가 말한 것처럼, 주님께서 "그 어깨에는 정사를 메었다"(사 9:6).

헤롯에게 어떤 일이 일어났는지 살펴보라. 어느 날의 일이다. "헤롯이 날을 택하여 왕복을 입고 위에 앉아 백성을 효유한대 백성들이 크게 부르되 이것은 신의 소리요 사람의 소리는 아니라 하거늘"(행 12:21-22).

헤롯은 그 순간 모든 것이 형통하다고 확고하게 믿었을 것이다. 그는 자신의 이름을 위대하게 세우는 데 성공했으며 백성들은 그에게 영광을 돌리고 있었다. 하지만 헤롯이 깨닫지 못한 것은 그의 권위는 하나님이 빌려 주셨다는 것과, 곧 그 권위를 다시 취하실 거라는 사실이었다. "헤롯이 영광을 하나님께로 돌리지 아니하는 고로 주의 사자가 곧 치니 충이 먹어 죽으니라 하나님의 말씀은 흥왕하여 더하더라"(행 12:23-24).

헤롯은 죽었지만 하나님의 말씀은 남녀노소와 모든 국가와 부족과 언어권들을 변화시키며 그 영광스런 노정을 따라 계속 나아갔다. 그 어떤 무엇도 말씀의 전진을 막을 수 없다. 이사야 선지자는 말한다. "풀은 마르고 꽃은 시드나 우리 하나님의 말씀은 영영히 서리라 하라"(사 40:8). 시편 기자도 같은 주장을 펼쳤다. "여호와여 주의 말씀이 영원히 하늘에 굳게 섰사오며"(시 119:89). 예수님도 역시 같은 말씀을 하신다. "천지는 없어지겠으나 내 말은 없어지지 아니하리라"(눅 21:33).

우리 선교사들이 암흑의 국가들 속으로 주님의 깃발을 들고 나아갈 때, 여러분은 이런 일에 대해 그 어떤 소식도 듣지 못할 것이다. 사실 우리는 여러분이 우리의 행하는 바를 모르기를 바란다. 여러분이 우리의 사역에 대해서 구체적으로 안다는 것은 주님의 말씀을 방해하려는 국가와 당국이 우리의 사역에 대해 더욱 구체적으로 아는 것을 의미하기 때문이다. 차라리 이런 나라들이 매우 늦은 순간에 예수님이 그 나라를 정복하셨다는 것을 알게 되기를 바란다! 하나님의 은혜로 우리는 작은 지렁이와 개미와 흰개미가 되어 조용히 그러나 끊이없이 땀 흘리며, 불교·힌두교·이슬람교가 무너지는 그 순간까지 그들의 기초를 허물어뜨리기 위해 노력할 것이다.

제9장

핵심 질문에 대한 답변

중국 교회가 중국 밖으로 선교사를 보내는 이유는 무엇인가?

중국 자체 선교에 먼저 집중해야 하지 않는가?

중국 교회가 중국 밖으로 선교사를 파송하는 것에 반대하는 사람이 적지 않다. 중국을 먼저 복음화한 후 중국 밖으로 선교사를 파송해야 한다는 것이 그들의 주장이다. 이런 비논리적인 질문에 우리는 간단한 질문으로 반문한다. "당신의 국가는 왜 선교사를 해외로 파송합니까? 당신의 나라의 모든 국민들은 구원을 받았습니까?" 중국의 모든 백성들이 주님을 영접할 때까지 우리가 전진하기를 거부하고 국내에 틀어박혀 있으면 절대로 세상에 복음을 전할 수 없다. 하나님이 원하시는 바는 국내를 복음화하는 동시에 땅 끝까지 복음을 전하는 것이다! 온 세상을 향하여 복음을 선포하리라는 비전을 가진다는 것은 절대로 국내에 복음을 전하는 사역을 게을리하는 것, 혹은 그 사역을 중단하는 것을 의미하지 않는다. 그러므로 이 두 가지 사역은 동시다발로 이행될 것이다.

중국 교회가 강건히 살아남는 방법은 세상의 모든 나라들에 복음을 전하도록 동기를 부여하는 것이라고 믿는다. 성도들이 전도하는 것과 주님을 섬기는 것에 전력을 투구한다면 그들은 주님께 축복을 받을 것이며, 교회는 그들로 인하여 깨어나게 될 것이다. 하지만 모든 시선을 자신들에게 돌려 서로를 물고 뜯는다면 이는 사탄에게 속는 것이며 교회는 둔하고 쓸모없는 도구로 전락할 것이다.

모든 지하교회 지도자들이 백투예루살렘 비전에 헌신한 것은 명백한 사실이지만, 이 비전이 중국의 일반 성도들에게도 전해 졌는가?

우리는 이 지상명령을 성취하는 것이 중국의 모든 성도들의 비전이 될 수 있도록 기도해 왔으며 이를 위해 성실히 일해 왔다.

중국 성도들을 선교사역에 동참케 하는 것은 큰 문제가 되지 않는 다. 중국인들은 일단 구원을 체험하게 되면 잃어버린 양들을 찾아 증인의 삶을 살고자 하는 뜨거운 마음을 갖기 때문이다. 그들은 예수님의 말씀을 묵상할 때마다 모든 국가로 복음을 들고 나가고자 하는 강렬한 열망을 지닌다. 다만 그들이 선교사의 신분으로 해외로 나갈 수 있도록 어떻게 전략을 구상할 것인지가 문제다.

우리 교회의 성도들은 백투예루살렘 운동의 중요성에 대해서 알고는 있지만, 이를 위해 무엇을 해야 할지는 모르고 있다. 여러분이 알아야 할 사실이 있다. 우리 교회 성도들 가운데 국외로 나가 본 경험이 있는 사람은 극히 적다는 점이다. 간단히 말하자면 선교지로 가는 것 자체가 우리에게는 큰 과제인 셈이다. 해가 지날수록 백투예루살렘 운동은 중국의 그리스도인들 가운데 불붙듯 전파되어 오늘날에는 이 열망이 매우 강렬해졌다. 그리하여 더 많은 사람들을 해외로 파송해야만 한다. 그들의 열망이 폭발하기 전에 분출시켜 주어야 한다는 말이다!

2000년에 많은 지하교회 지도자들이 중국을 떠나 동남아시아의 한 나라에서 백투예루살렘 모임에 참석했다. 참석자 대부분에게 이 일은 처음으로 중국을 떠나 본 경험이었다. 우리가 모이게 된 나라는 예수의 이름을 모르는 사람들이 허다한 불교 국가였다.

수많은 절, 우상을 섬기는 잃어버린 영혼들, 머리를 깎아 스님이 되기를 준비하는 어린아이들, 다니는 곳마다 복음의 빛을 찾아 볼 수 없었던 점은 우리에게 깊은 충격을 안겨 주었다. 물론 중국에도 영적으로 어두운 곳들이 많고 불교를 믿는 지역도 있지만 이 나라처럼 불교가 전역에 퍼져 있지는 않다.

중국으로 돌아왔을 때 우리는 커다란 변화를 경험한 후였다. 선교를 눈으로 보고 마음으로 체험하니 선교에 대한 사명감은 우리에게 더 이상 추상적인 이론이 아니라 가장 적나라한 현실이 되었다. 우리의 마음에 백투예루살렘에 대한 새로운 긴박감과 부담이 생긴 것이다.

중국 교회가 더욱 적극적으로 백투예루살렘의 비전에 동참할 수 있는 방법들을 모색하도록 우리는 눈물로 기도하고 있다. 중국 내의 모임에서 우리는 지도자들을 훈련시키면서 그 비전을 계속해서 나눈다. 그들 또한 자신이 섬기는 교회에서 그 비전을 나눈다. 그 비전에 대한 사람들의 이해를 돕기 위해 많은 참고 자료가 편찬되고 있는 중이며, 세계선교를 향한 부담을 가진 그리스도인들이 늘어나고 있음을 본다.

또한 하나님은 평범한 사람들을 직접 부르셔서 선교사로 지명하시며 특정한 국가나 민족에게 파송하신다. 이 일과 관련된 많은 간증들 중 하나를 나누고 싶다. 한 자매는 하나님께서 주신 꿈속에서 자신이 어느 부족의 사람들에게 복음을 전파하는 것을 보았고 동시에 타망(Tamang)이라는 말을 듣게 되었다. 그 자매는 이 말의 의미가 무엇인지 알지 못하여 그 의미를 더욱 구체적으로 보여 주시기를 하나님께 간절히 기도하였다. 약 2년 후, 그녀는 네팔의 미전도 종족에 대한 정보가 실려 있는 작은 기도 책자를 받게 되었다. 그리고 불교 부족인 타망이라는 족속에 대해 읽게 되었을 때, 그녀는 크게 울음을 터뜨렸다. 꿈속에서 보았던 타망인들의 의상과 체격과 신체적 특징이 그 책자의 사진과 일치했던 것이다. 그 자매는 현재 네팔로 떠나 타망족 가운데서 선교사역을 감당하고 있다.

중국 교회는 10만 명이라는 엄청난 숫자의 선교사를 어떻게 작정하게 된 것인가? 그것은 현실적인 숫자인가? 아니면 많은 선교사를 파송하려는 중국 교회의 의지를 나타내는 것인가?

그리스도인들은 이 숫자가 어떤 고정된 목표 수치를 보여 주는 것이 아님을 알아야 한다. 이 숫자는 우리가 파송하기를 계획하는 선교사의 최저 인원을 가리킨다. 이 숫자는 많은 지하교회 지도자들이 모여서 백투예루살렘 비전을 위해 기도했을 때 정해진 것이다. 그때 우리는 교회 가운데 대략 백만 명의 헌신된 일꾼들이 있으리라 예상했고, 이 지도자들 중 적어도 십분의 일을 해외 선교사로 파송하는 것이 도리인 줄로 알았다. 그리하여 우리는 '10만 명'이라는 숫자를 생각하게 되었다.

우리는 서양인들이 수적인 개념에 매우 흥분하고 자극받는다는 것을 알고 있지만 중국 교회는 그렇지 않으며, 단지 10만 명의 선교사를 해외로 파송하는 것이 우리의 목적은 아니다. 우리의 진정한 목표는 예수님이 신부인 우리를 맞이하러 오실 때, 즉 하늘에서 "세상 나라가 우리 주와 그 그리스도의 나라가 되어 그가 세세토록 왕 노릇하시리로다"(계 11:15)라고 선포하는 그 순간으로 인류의 역사가 미칠 수 있도록, 예수님의 지상명령을 완수하는 그것에만 있다.

이것이 우리의 목표요 우리의 목적이다! 이 비전을 이루고 하나님의 부르심에 온전히 순종할 수 있도록 우리는 온 힘을 다할 것이다.

10만 명 이상의 일꾼이 필요하다면 일꾼을 더 많이 공급할 것이며, 그 이하의 숫자가 필요하다면 또한 줄일 것이다. 10만이란 숫자는 하나의 줄잡은 어림 수치에 불과하다. 우리는 주님의 권능에 의지하여 이 일을 완수하는 것에 온전히 집중할 것이기 때문이다. 이 일이 어떻게 이루어지느냐에 관한 세세한 부분은 주님께 맡긴다.

백투예루살렘 운동을 위한 첫 선교사들을 선출하는 데 39명으로 한정시키기란 매우 힘들었다. 지하교회 지도자들은 백투예루살렘 비전을 몇몇 회의에서만 광고했을 뿐인데, 성도들이 갑작스럽게 손을 들어, "제가 가겠습니다! 제가 가서 주 예수를 위하여 죽겠습니다!"라고 말하는 것이 아닌가! 어떤 집회에서는 심지어 성도들 중 절반 이상이 백투예루살렘을 위한 첫 선교사로 선택받기를 희망했다. 하지만 우리는 준비된 39명의 선교사를 파송할 수밖에 없었으며, 다른 사람들에게는 다음 기회를 기다리도록 권유했다.

백투예루살렘 운동의 선교사들이 중국 대륙 안에 있는 중국인 성도만으로 구성되지는 않을 것이다. 해외에 거주하는 중국인 동포는 몇천만 명에 이르며 그들 중 많은 이들이 그리스도인이다. 또 그들 중 수천 명은 하나님께 부르심을 받아 이미 백투예루살렘을 위하여 목숨을 내어놓은 자들이다.

2003년 2월, 유럽 10개국이 넘는 국가에서 온 수백 명의 중국 목사들, 지도자들, 평신도사역자들이 프랑스 파리에 모여 백투예루살렘을 위한 첫 집회를 개최했는데 윈 형제가 주강사였다.

이 집회 처음부터 성령은 강력하게 역사하셨다. 밤마다 수백 명의 사람들이 앞으로 나와 기도를 받았다. 많은 사람들의 인생이 바뀌었으며, 많은 이들이 성령의 권능을 새롭게 덧입게 되었다. 윈 형제의 메시지는 간단했다. 그는 "사명을 완수하라"는 하나님의 부르심에 순종할 것과 중국과 예루살렘 사이에 위치한 복음화되지 못한 국가들에게 복음을 선포할 것을 주장하였다. 많은 청년들이 눈물을 흘리며 연이어 앞에 나가 기도받기를 간청하였으며, 복음을 전하며 하나님이 원하시는 헌신의 삶을 살기로 결단했다.

총 500명 이상의 사람들이 주님과 이 비전에 그들의 삶을 헌신하였으며, 그들은 현재 주님이 때와 장소를 지시해 주시기를 기다리고 있다. 어떤 지도자들은 예전에 중국에 거주하고 있었을 때, 하나님이 그들에게 유럽으로 떠나 유럽 교회의 청년들을 일깨우라는 도전을 주신 것과 유럽의 청년들과 손을 맞잡고 복음의 손길이 닿지 않은 곳에 가서 함께 복음을 전하는 꿈을 주신 것을 나누기도 했다. 집회가 진행되는 동안 그들은 백투예루살렘에 대한 비전을 계시하신 하나님을 찬양했다. 앞으로도 유럽의 또 다른 도시와 세계의 여러 지역에서 이와 비슷한 집회들이 계속해서 열리기로 계획되어 있다.

지금도 하나님은 놀라운 역사를 일으키고 계시며, 수천 명의 백투예루살렘 선교사들이 영혼을 추수하는 주님의 사역을 위해 계속해서 부름받고 있다.

수천 명의 백투예루살렘 사역자들이 중국을 떠나 10/40 창 지역에 널리 분포해서 활동하게 될 때, 그들의 행적을 알 수 있는 방법이 있는가?

물론이다! 지금 이 순간에도 이를 위한 체계가 갖춰지고 있다. 우리는 이 사역의 일꾼들에게 영적, 육적 도움이 필요한 것을 잘 알고 있으며, 그들이 영적인 격려를 받을 수 있도록 주님과 항상 함께하도록 목회자들이 직접 도와야 할 것이다.

백투예루살렘의 비전은 모든 교회를 향한 부르심이기 때문에 다양한 배경과 환경의 일꾼들이 많을 것이다. 하지만 그들이 우리의 교회 조직망에서 파송받은 선교사인 이상, 우리는 그들의 행적을 기록할 것이며 그들이 지상명령을 수행할 수 있도록 모든 방법을 동원해서 지원할 것이다. 세계 열방을 향하여 나아가는, 우리 모임과 연결되어 있지 않은 중국인 선교사들도 많을 것이며, 지금도 이미 많다는 것을 알고 있다. 주님의 이름을 부르고 널리 알리는 모든 이들을 주님께서 친히 축복하시기를 기도한다.

또 몇 명의 선교사들이 가끔 중국으로 들어와 하나님께서 그들을 통하여 어떤 일들을 이루고 계시는지에 대해 보고하는 것이 유익하리라 믿는다. 무엇보다 이것은 지하교회에 매우 중요하다. 이런 일은 선교사들을 파송한 성도들에게 격려가 되고 이 비전을 위한 새로운 일꾼들에게 동기를 부여하게 될 것이기 때문이다.

몇몇 특정 장소는 백투예루살렘 사역자들을 위한 훈련 및 행정 센터로서의 역할을 감당하게 될 것이다. 또한 이 운동을 위한 장소와 기도, 정보 교류를 위한 안전한 본부 센터 설립이 이미 진행 중에 있다. 바로 이곳에서 주님께서 선교사역을 축복하실 것이며, 사탄의 개입을 제거해 줄 것을 요청하는 끊임없는 중보기도가 드려질 것이다.

안보는 어떠한가? 백투예루살렘 일꾼들의 안전을 위해 어떠한 계획을 하고 있는가?

서양의 많은 선교단체들은 위협을 느끼면 즉시로 파송한 선교사들을 불러들인다. 그러나 그러한 자세로는 빠른 복음의 진전을 가져

올 수 없다! 자신의 안전이 그렇게도 중요하다면, 선교지로 떠나는 것 자체가 의미 없는 일이다. 하나님은 필요할 경우, 자신을 위하여 목숨을 내어놓을 수 있는 자녀들을 찾고 계신다. 게다가 백투예루살렘 비전이 목표로 삼는 국가들은, 복음을 환영하지 않으며 복음을 전하려 할 때 강한 적대감을 표현할 나라들이다.

성경을 살펴보면 처음부터 끝까지 하나님의 자녀들이 진리를 증거할 때마다 위험이 닥치는 것을 알 수 있다. 엘리야는 "이스라엘을 괴롭게 하는 자"(왕상 18:17)라는 칭호를 얻었다. 그리고 바울과 실라는 빌립보의 관원 앞에 서게 되었을 때, 그들을 적대하는 자들에게 "우리 성을 심히 요란케 하여"(행 16:20)라는 말로 고소당했다. 또한 사도행전에서 바울이 복음을 전할 때마다 두 가지 반응, 즉 부흥이 아니면 폭동이 일어났던 것을 볼 수 있다!

피해야 할 때와 조심해야 할 때가 있다는 것은 잘 알고 있다. 이를 증명하는 성경적인 예까지 있다. 사도 바울이 그를 죽이려 했던 자들을 피하기 위해 다메섹 성벽 넘어 바구니로 내려진 것이 바로 그 예다(행 9:22-25 참고).

하지만 그리스도인들은 위험을 감수하고 앞으로 전진해 나아가야 할 때도 있는 것이다. 사도 바울의 담대한 말을 생각해 보라.

> 보라 이제 나는 심령에 매임을 받아 예루살렘으로 가는데 저기서 무슨 일을 만날는지 알지 못하노라 오직 성령이 각 성에서 내게 증거하여 결박과 환난이 나를 기다린다 하시나 나의 달려갈 길과 주 예수께 받은 사명 곧 하나님의 은혜의 복음 증거하는 일을 마치려 함에는 나의 생명을 조금도 귀한 것으로 여기지 아니하노라(행 20:22-24).

하나님을 진심으로 섬기기 원하는 신실한 성도라면 언제나 문제를 일으키게 될 것이다. 제자리만 지키려 하고 대립을 피하려 하는 사람들은 주님을 위해 많은 것을 성취할 수 없다. 사탄과 죄로 수백만 명의 사람들을 묶어 버리는 체제를 무너뜨리기 위해서는 먼저 일어서서 그 체제와 대면해야 한다. 언제나 악과 대면할 때에는 문제가 발생되게 마련이다.

이것이 중국의 지하교회들이 수십 년 동안 박해를 받아 온 주된 이유이다. 하나님을 향한 믿음 때문에 박해를 받은 것이 아니다. 만약 그들이 원했다면 그들은 정부가 통제하는 삼자교회에 가만히 눌러앉아 주일마다 하나님께 예배드리고, 그들의 믿음을 남들과 나누지 않고, 만사가 형통한 생활을 할 수 있었을 것이다.

중국 지하교회 그리스도인들이 체포당하고 박해받는 이유는 그들이 조용히 지내지 못하기 때문이다. 예수님이 그들에게 예수님 자신을 보여 주심으로 그들은 거듭나게 되었고 속사람이 바뀌게 되었으니, 그 역사를 증거하느라 입을 열어 말을 할 수밖에 없는 것이다. 중국의 그리스도인들은 "내가 다시는 여호와를 선포하지 아니하며 그 이름으로 말하지 아니하리라 하면 나의 중심이 불붙는 것 같아서 골수에 사무치니 답답하여 견딜 수 없나이다"(렘 20:9)라고 고백한 예레미야의 심정을 매우 잘 알았을 것이다.

서양의 그리스도인들은 왜 중국의 교회에만 핍박이 있으며 서양에는 없는지에 대해 자주 묻는다. 여러 대답이 있을 수 있겠지만, 그 전에 한 가지 질문을 하고 싶다. "여러분은 여러분의 교회 안과 밖에 있는 모든 죄인들에게 복음을 담대히 전합니까?" 만약에 그렇게 한다면, 여러분이 있는 모든 곳에 복음으로 인한 핍박이 존재함을 깨닫게 될 것이다.

성경은 말한다. "무릇 그리스도 예수 안에서 경건하게 살고자 하는 자는 핍박을 받으리라"(딤후 3:12). 그들이 '어쩌면' 핍박을 받을 것이라고 말하는 것이 아니라 '반드시' 핍박을 받는다고 명백하게 말하고 있다. 만일 여러분이 핍박을 받고 있지 않다 하더라도, 한 가지 분명한 것은 하나님의 말씀에 잘못이 있는 것은 아니란 점이다. 그때 스스로에게 물어야 할 질문은 아마도 "나는 지금 그리스도 안에서 경건한 삶을 살기를 열망하는가?"일 것이다. 핍박은 나라에 따라 그 모습을 달리할 수는 있다. 그러나 분명한 것은 반드시 핍박은 존재한다.

백투예루살렘의 비전이 펼쳐지면서, 우리는 "의인은 고난이 많으나 여호와께서 그 모든 고난에서 건지시는도다. 그 모든 뼈를 보호하심이여 그 중에 하나도 꺾이지 아니하도다"(시 34:19-20)라고 기록되어 있는 하나님의 말씀이 사실임을 알게 되었다.

이슬람교 국가와 불교 국가는 우리를 고문하고 투옥하고 굶기고 형벌을 가할 수도 있지만, 우리가 중국에서 수십 년간 경험하면서 살아왔던 것 이상을 할 수는 없을 것이다. 그리고 예수님을 위하여 죽는 것을 두려워하지 않는 수천 명의 형제와 자매들이 그곳의 선교사로 파송될 것이다. 그들은 육체가 하나님을 섬기기 위한 임시적인 장막이라는 사실과 그들이 언젠가는 천국에서 주님과 함께 고통과 눈물 없이 살아가리라는 사실을 잘 알기에, 피 흘리는 것을 대단한 일로 여기지 않는다. 그들은 복음을 위하여 순교할 준비가 되어 있을 뿐만 아니라 순교를 고대하고 있다.

지하교회는 중국 내부에 있는 무슬림들과 불교 신도들을 성공적으로 전도한 경험이 있는가? 만일 없다면, 어떻게 해외에서 성공하리라 보장하는가?

중국의 지하교회들이 중국의 소수 민족을 향한 하나님의 부르심에 순종하기 시작한 것은 불과 몇 년 전부터이다. 그 전에 몇몇 선교사들이 소수 민족에게 복음을 전하기는 했지만 그들 대부분의 사역은 중국의 한족들에게 집중되었다.

소수 민족을 위해 기도하고 그들의 복음화를 더욱 진지한 자세로 생각하기 시작한 것은 어느 한 서양 형제가 찾아와서 교회 지도자들에게 중국 내 소수 민족의 수가 무려 400부족에 달한다는 충격적인 사실을 일깨워 주었을 때부터였다. 하나님은 우리에게 소수 민족의 복음화에 대한 큰 부담감을 안겨 주셨으며, 수백 개의 팀들은 그들에게 복음을 이미 전하였거나 전할 준비를 하고 있다.

우리는 벌써 신장 남부의 몇 지역에서부터 전해져 온 좋은 소식을 많이 듣고 있다. 하나님이 기적을 베풀어 주심으로 말씀의 선포를 확증시켜 주셨을 때, 지하교회들을 통하여 많은 무슬림들이 주님께 돌아오게 되었다는 소식이다.

중국에 거주하는 무슬림들이 한족을 몹시 싫어하므로 한족 교인들이 그들을 성공적으로 전도하는 것은 불가능하다고 말하는 이들이 적지 않다. 하지만 하나님은 이 생각이 잘못된 것임을 입증해 주셨다. 우리가 하나님의 능력을 힘입어 겸손한 자세로 그들에게 다가갈 때 많은 무슬림들은 우리의 모습이 다른 사람들과 뭔가 다르다는 것을 발견하고 주님께로 온다.

티베트인과, 불교 세력이 매우 강한 몇몇 국가의 백성들은 개인의 죄성과 창조자 하나님에 대한 개념이 전혀 없기 때문에, 어떤 면에서는 무슬림들보다 훨씬 더 전도하기 힘들다. 그럼에도 불구하고, 우리 중 많은 선교사들이 티베트에서 헌신하고 있다. 티베트의 수도인 라사에서 사역하는 지하교회 선교사의 수만 계산하더라도 수백 명에 달한다. 많은 티베트인들이 아직 믿지 않는 것은 사실이지만, 우리는 티베트인으로 구성된 교우회를 몇 개 결성할 수 있었다. 아울러 하나님께서는 우리 일꾼들을 연단하셔서 더욱 효과적인 사역을 펼칠 수 있도록 이끌어 주셨다. 그들은 중국에서 배운 전략들이 티베트에서는 효과가 없다는 것을 깨달아 티베트인을 하나님께로 돌이킬 수 있는 적절한 방법들을 찾기 위해 기도로 간구하는 중이다. 물론 하나님이 그 방법의 열쇠를 주실 때, 티베트인을 향한 복음의 길이 열릴 것이다!

중국의 불교 신자에 대해서 이야기하자면, 우리는 그들 중 이미 수천 명의 신자들이 주님을 영접한 것을 보았다. 사실 우리의 지하교회 리더들 중 몇은 과거에 티베트의 스님이었지만, 주님을 영접하여 인생을 변화시키는 그리스도의 능력을 체험한 후 변화된 인생을 살게 되었다.

우리는 중국 소수 민족의 복음화를 하나의 독립된 비전으로 간주하지 않는다. 이 비전 또한 백투예루살렘 비전의 일부이다. 중국 내의 무슬림들과 불교 신도들을 전도하면서 우리 일꾼들이 얻을 수 있었던 교훈들은 중국 밖에서 무슬림들과 불교 신자들을 주님께로 돌아오게 하는 사역에 큰 몫을 차지할 것이다.

여러 국가들을 복음으로 변화시키는데 이적이 큰 역할을 할 것으로 생각하는가?

우리는 이적 그 자체를 좇지는 말아야 한다. 이적은 우리를 위한 장난감이 아니라 복음의 가장 중요한 일부이기 때문이다. 우리는 이적을 좇기 위해 부름받은 것이 아니다. 그러나 우리가 복음을 전할 때에 이적이 우리를 따라올 것이라고 성경은 증언한다(막 16:17-20 참고). 이적은 말씀이 참된 진리라는 사실을 뒷받침하는 증거 역할을 한다. 우리가 예수님이 살아 계시다는 기쁜 소식을 전할 때에 복음을 듣는 이들이 친히 예수님께서 앉은뱅이나 귀신에게 사로잡힌 자를 치유하시는 것을 본다면 사람들은 쉽게 마음을 열고 복음을 받아들이게 될 것이 아닌가!

우리의 통계에 따르면, 중국 지하교회 성도 중 기적적인 치유를 받았거나 극적으로 구원을 체험한 후 예수님을 믿게 된 성도들이 80퍼센트에 달한다. 그 이적에 대한 반응으로 그들은 자신의 생명을 아낌없이 하나님께 드린다.

성경은 새신자가 복음을 들음과 동시에 이적을 체험하면 깊은 신앙을 소유하게 된다는 사실을 보여 주고 있다. 이 때문에 사도 바울은 "내 말과 내 전도함이 지혜의 권하는 말로 하지 아니하고 다만 성령의 나타남과 능력으로 하여"(고전 2:4)라고 말했다. 믿음의 바탕을 사람의 지혜 위에 세우지 않고 하나님의 능력 위에 세우는 것이 비교할 수 없을 만큼 낫다!

중국의 새신자들은 불과 몇 주 혹은 몇 달 전에 예수님를 향한 믿음을 갖게 되었음에도 불구하고 고난이나 고문 그리고 핍박까지 당할 각오가 되어 있다. 예수님의 능력이 자신의 삶 속에 역사하심을 체험하여 예수님을 영접하게 된 사람들은 그분의 살아 계심을 어렵지 않게 믿는다. 그것은 그들이 이미 예수님을 인격적으로 만났기 때문이다! 그들이 혹 예수님을 부인한다면, 하나님의 말씀뿐만 아니라 자신들의 모든 체험들까지도 전부 부인해야 할 것이다.

따라서 이적은 참으로 중요한 요소이지만, 그것을 목표로 삼는 것은 올바르지 않다. 잃어버린 영혼들에게 복음을 전파할 때 이적은 자연히 따르게 되는 것이다. 우리가 이적을 따를 것이 아니라, 우리의 목회 가운데 이적이 따라야 할 것이다! 이것은 중국 전역에서 지금까지 우리가 몸소 경험한 바다.

백투예루살렘 비전을 저지하거나 지연시킬 만한 요소들 중에
가장 큰 고민거리로 다가오는 것은 무엇인가?

지하교회를 이끌어 온 영적 선배와 기도의 지도자들은 현 시대를 살아가는 성도들의 영적 생활이 기존 세대보다 더 침체되어 있음을

가장 염려한다. 오늘날의 중국은 경제적으로 번성하고 있는데, 이 시대는 15년 혹은 20년 전에는 존재하지도 않았던, 젊은 그리스도인들을 유혹하고 시험에 빠지게 하는 요소들이 곳곳에 많다. 세상의 유혹은 과거의 것보다 더욱 강하다. 그러기에 예수님과 복음의 진전을 위하여 온전히 살고자 하는 청년들은 그들의 시선과 가치관을 주님께 고정하기 위하여 고전 분투하고 있다.

이러한 염려들을 주님께 기도로 아뢰었을 때, 주님은 청년들이 백투예루살렘 비전에 순종하기만 하면 중국의 지하교회가 계속 부흥하리라는 것을 밝혀 주셨다. 하지만 우리가 첫사랑을 잃고 우리의 필요에 그 시선을 돌릴 때는 우리의 영적 삶이 시들어 죽을 수밖에 없음을 경고하셨다. 이슬람교와 불교와 힌두교 국가들에게 복음을 전하라는 하나님의 부르심에 순응하기 위해 노력한다면 하나님은 우리의 교회 위에 축복을 내리시고 지속적인 부흥을 주실 것이다. 이 원리는 영적인 세계뿐 아니라 자연에서도 찾아볼 수 있는 순리이다. 고개를 들어 하늘을 향하는 꽃은 번성하여 창조자의 아름다움을 드러내지만, 자신을 향하여 안쪽으로 고개를 돌리는 꽃은 곧 죽게 되어 자신의 아름다움을 세상에 자랑치 못하게 된다.

우리는 세계 곳곳에 있는 모든 교회와 그리스도인들에게 자신의 욕망과 필요에 집중하지 말 것을 권한다! 그리하면 곧 시들어 죽기 때문이다. 하나님의 원리는 간단하다. 우리가 이웃을 축복하기 위해 노력할 때 우리 개인의 삶도 축복받는다는 것이다. 예수님의 이름을 모르는 이웃 국가를 향하여 축복의 복음을 전하는 것이 여러분의 교회에서 최우선의 자리를 차지하게 될 때, 이 글을 읽는 당신도 축복과 부흥을 누리게 될 것이다. "너희는 먼저 그의 나라와 그의 의를 구하라 그리하면 이 모든 것을 너희에게 더하시리라"(마 6:33).

자신의 향락을 위하여 축복을 구하는 교회나 그리스도인은 우상을 섬기는 죄에 빠져 있는 것이다. 예수님이 이렇게 말씀하셨다. "스스로 말하는 자는 자기 영광만 구하되 보내신 이의 영광을 구하는 자는 참되니 그 속에 불의가 없느니라"(요 7:18).

많은 그리스도인들은 자기 자신에게 집중한 나머지 하나님의 구름과 불기둥이 먼저 나아가는 것을 보지 못한다! 잠에서 깨어나 하나님이 행하시는 일들을 목격하며 우리가 그 사역에 동참할 수 있는 방법들이 무엇인지 찾아보자! '기독교 활동'을 하는 것과 주님을 위한 전쟁의 최전선에서 주님의 용사가 되는 것의 차이는 밤과 낮이 다른 만큼이나 크다.

당신이 주님의 부르심에 순종하면 이는 하나님을 기쁘시게 하는 일이며, 성령님의 역사와 발맞추어 동행할 때에 우리 구세주의 맥박을 느낄 수 있을 것이다. 더불어 당신의 사역은 더 이상 허드렛일에 머무르지 않고 하나님께서 당신의 마음속에 부어 주신 사랑이 저절로 흘러 넘치듯 자연스러운 행동이 되는 것이다.

중국 교회가 가만히 있는 채로 복음을 전하지 않으면 우리 가운데 그 오랜 세월 동안 역사하셨던 하나님의 불길은 분명히 사그라지지만, 하나님의 부르심에 성실히 반응한다면 그 불길은 영원히 꺼지지 않을 것이다! 사람이 모닥불에서 불타는 장작을 꺼내어 그것을 들고 뛰면 모닥불은 거대한 불길을 일으켜 생명을 탄생시켜 낼 것이다. 그러나 사람이 가만히 앉아서 모닥불을 오랫동안 바라보기만 하면 그 모닥불은 자연히 소멸한다. 그리스도인의 삶은 행함 없는 신앙이 아니라 예수 그리스도를 향한 실천적인 삶이기에 그러하다.

우리나라의 더욱 많은 선교사들이 가슴에 예수 그리스도의 불을 품고 손에 말씀의 양날 검을 쥐고 세상으로 나아가면, 중국의 남은 성도들은 매일같이 그들을 위해 기도할 것이다. 구원받게 된 영혼들에 대한, 그리고 핍박과 순교에 대한 보고서가 들어올 때마다 중국 교인들은 자신의 마음속에 심겨진 열정이 다시 살아남을 체험할 것이다. 우리는 지하교회에서 이러한 현상들이 일어나는 일을 자주 목격하였다. 중국 사방을 향하여 선교사들을 보내고 그 선교사들이 몇 달 후 돌아와 하나님이 그들을 통해 하신 일을 찬양하고 이적과 승리에 대한 간증들을 나눌 때에, 가정교회들은 크게 격려받고 예수님을 위하여 더욱 열정적으로 살아 더 많은 영혼들을 주님께 돌이키리라는 각오를 세우게 될 것이다.

백투예루살렘 운동이 가장 활성화될 때를 언제로 예상하는가?

우리의 운동은 이미 시작되었고 날마다 빠르게 진행되고 있다! 우리는 이 운동에 대한 특별한 시간표를 가지고 있지 않다. 다만 하나님의 의지에 순종하고 시간에 관한 모든 문제는 하나님의 때에 맡기고 싶다.

중국 교회에 정말로 중요한 것은 굳게 결심하여 이 세대에게 하나님이 기대하시는 바를 저버리지 않는 것이다. 우리는 하나님께서 우리에게 원하셨던 것의 반이나 혹은 80퍼센트만을 이뤘던 사람들로 판단되기를 원치 않는다. 우리는 100퍼센트 충실한 일꾼들로 주님을 맞이하길 바란다! 맡은 일이 제대로 완수되지 않는다면 이는 결코 하나님의 잘못이 아니다. 하나님의 뜻은 신비스럽고 오묘한데, 하나님 스스로도 다음과 같이 말씀하신다. "나의 생각한 것이 반드시 되며 나의 경영한 것이 반드시 이루리라"(사 14:24). 우리의 기도제목은 언제나 목표를 놓치지 않고 하나님의 일을 완수하는 데에 있다. 우리는 다윗 왕과 같이 되기를 희망한다. "다윗은 당시에 하나님의 뜻을 좇아 섬기다가 잠들어"(행 13:36).

우리는 백투예루살렘의 비전을 현실로 만들어 줄 많은 중요한 요소들이 준비되는 것을 이미 목격하였다. 예를 들어, 중국 정부는 최근까지 국민에게 해외를 여행할 수 있는 기회를 쉽게 허락하지 않았다. 이러한 제재는 많은 이들에게 오히려 중국 밖의 세상을 구경하고자 하는 열망을 심어 준 셈이다. 중국인들에게는 다른 국가의 국민과 문화를 이해하고자 하는 욕망이 엄청 크다. 중국의 교회 또한 마찬가지다. 최근에는 해외여행에 대한 정부의 통제가 조금씩 완화되어 중국인들이 여권을 얻어 여행하는 것이 쉬워졌다. 또 미래에는 이에 대한 정부의 통제가 완화될 수밖에 없다. 우리는 이것을 백투예루살렘의 비전을 이행하시기 위한 하나님의 주권적인 계획이라고 믿는다.

우리는 복음의 진보를 가로막았던 거대한 장애물이 있는 나라에서 사역할 수 있었기에, 종교의 거인들인 이슬람교와 불교와 힌두교를 무너뜨리는 일도 성공할 수 있으리라 믿는다. 지금까지 중동 국가들을 복음화하기 위하여 온 세상이 전력을 다했지만 많은 열매를 거두지는 못했다. 이 국가들은 미국에서 유입되는 기독교에 대하여 항상 경계하고 막으려 하며 그들의 나라에 입국하는 모든 서양인들을 유심히 관찰한다. 이렇게 그들이 정문을 경비하는 일에 집중할 때에 중국의 그리스도인들은 뒷문을 통해 비밀스럽게 복음을 들고 들어갈 수 있을 것이다!

주님께서는 50년 동안의 투옥과 고문과 고난을 통하여 중국 교회를 연단하셨다. 수천 명이 감옥에서 잔혹하게 취급당했으며, 또 다른 수천 명은 하나님 한 분 외에는 전혀 의지할 곳이 없는 상황에서 국내외의 선교사로 파송받게 되었다. 그들은 수많은 이적을 체험했고 고난과 역경을 통해서만 얻을 수 있는 예수님을 향한 깊은 믿음을 갖게 되었다. 그 누구보다도 우리가 낫다는 것이 결코 아니다! 이것은 핵심을 벗어나는 화제이다. 하지만 우리가 확실히 믿는 것은, 하나님께서 백투예루살렘 사역의 완수를 우리에게 맡기시기 위하여 이러한 경험들을 하게 하셨다는 점이다. 우리는 고난을 통하여 단련된 철과 같은 용사들이다. 사람들이 우리에게 행할 일들을 결코 두려워하지 않는다.

미국과 영국의 연합 병력이 이라크를 침공하기 전에 이라크인들은 그들의 대의를 위하여 기꺼이 죽으리라는 각오를 담대하게 밝혔다. 하지만 전쟁이 시작되자 이라크군의 용기는 충분히 발휘되지 않았다. 반면에 백투예루살렘 군대는 매 순간마다 하나님의 도우심과 성령의 역사하심 없이 하나님의 나라를 위한 진전은 결코 있을 수 없다는 사실을 인정하며 무릎으로 전진하는 겸손한 군대가 될 것이다. 이 전쟁을 이끄시는 분은 하나님이다. "여호와께서 집을 세우지 아니하시면 세우는 자의 수고가 헛되며"(시 127:1).

중국 선교사들이 10/40 창에 널리 분포해서 사역할 때 인근의 그리스도인들과 함께 동역할 계획인가?

이 질문은 백투예루살렘 운동과 별로 관련이 없는 것 같다. 백투예루살렘 운동의 목적은 복음을 증거하는 이가 없는 곳에 가서 그리스도를 나누는 것이며, 복음이 없다는 것은 결국 거기에서 사역하는 그리스도인들이 없음을 의미한다. 우리는 이렇게 고백한 사도 바울의 자세를 따를 것이다. "또 내가 그리스도의 이름을 부르는 곳에는 복음을 전하지 않기로 힘썼노니 이는 남의 터 위에 건축하지 아니하려 함이라"(롬 15:20). 어떤 특정한 나라에 들어갈 때에 우리는 복음을 가장 필요로 하는 곳, 즉 그리스도인이 없는 곳을 발견하여 거기서 사역하기를 원한다. 다른 이들이 이미 일으킨 불길이 있는 곳에서 새로운 불빛을 바라며 수고하지는 않을 것이다. 우리는 지금까지 그리스도의 빛이 단 한 번도 비춰지지 않았던 가장 어둡고 캄캄한 지역으로 가기를 원한다.

하지만 우리가 가고자 하는 사우디아라비아, 아프가니스탄, 이란 등과 같은 국가에는 적은 숫자나마 이미 그리스도인들이 있다. 우

리는 현존하고 있는 주님의 지체들과 상의하지 않고 단지 "우리 자
신의 방식대로" 행동하지는 않을 것이다. 만일 주님께서 우리를 인
도하셔서 그 결과가 하나님의 나라를 조금이라도 속히 임하게 하는
일이라면, 태국과 인도와 아랍의 그리스도인들 혹은 그 어느 지역
의 그리스도인들과도 함께 손잡고 동역하기를 원한다. 그렇다! 우
리는 진정한 동역을 환영한다. 우리가 더욱 효과적으로 섬길 수 있
도록, 타국의 언어와 문화와 그 외의 것에 대하여 우리를 교육시켜
줄 그리스도인들이 필요하다. 우리는 그 지역의 교회들과 함께 주
님이 중국에게 주신 뜨거운 불과 비전을 나누고 싶다.

그러므로 우리는 각 지역의 그리스도인들과 함께 일할 것이지만 만
약에 우리의 사역이 그들의 사역 방향과 전혀 다르다면 서로를 존
중하며 각각 따로 사역하기로 동의할 것이다.

우리에게는 하나님이 주신 사역지에 들어갈 때 몇 가지 핵심 원칙
이 있다. 예를 들어, 우리는 그 어떠한 형태의 분파주의나 교파주
의에 굴복하지 않을 것이다. 단지 우리는 복음을 전할 때 죄인들이
주님의 발 앞에 나아와 십자가를 통해 허락해 주신 새 생명을 체험
하는 그 현장을 목격하게 할 것이다. 결코 교파주의를 장려하는 어
떤 행위에도 관여하지 않을 것이다. 우리는 다만 예수님만을 알릴
것이며 성령으로 하여금 예수님의 살아 계심을 증명케 하시도록 간
구할 것이다. 말씀 가운데 그 어디에도 우리가 우리의 교리와 방법
을 드높이면 하나님이 우리에게 축복과 부흥을 주시리라는 약속은
없다. 하지만 누구를 드높여야 하는지에 대해서 예수님은 명백히
밝히신다. "내가 땅에서 들리면 모든 사람을 내게로 이끌겠노라"
(요 12:32).

우리는 또한 교회 건물을 건축하는 일에 관심이 없다. 우리는 세상
이 또 하나의 교회 건물을 필요로 하지 않음을 믿는다. 그들은 예
수님을 필요로 하며, 신약성경에 등장하는 초대 교회의 모습처럼

가정 내에서 하나님의 은혜 가운데 자라며 예배드려야 할 것이다
(행 5:42, 20:20; 롬 16:5 참고).

우리는 하나님의 일을 행하는 방법에 관하여 강한 확신을 갖고 있
지만, 우리의 수단이 그리스도 안에 있는 다른 형제들의 방법과 다
르더라도 예수님의 보혈로 대속받은 모든 성도들과 교제를 나눌
것이며 그들을 존중하겠다는 의사를 거듭 밝힌다.

**백투예루살렘 운동이 지금까지 성공적이었다는 사실 여부를 어
떻게 확인할 수 있는가? 백투예루살렘의 목표가 달성될 때를
어떻게 알 수 있을까?**

이 질문은 참 흥미롭다. 지금 생각해 보니 우리는 복음을 듣지 못
한 무려 5천 개에 달하는 민족들을 복음화하는 사명 이외에 다른
부르심을 받은 적이 없다. 성경은 예수님이 이렇게 행하실 것을 말
한다. "각 족속과 방언과 백성과 나라 가운데서 사람들을 피로 사
서 하나님께 드리시고"(계 5:9). 우리가 목표에 도달할 수 있도록
주님이 우리를 도우실 때, 우리의 이룬 바는 오직 위의 말씀에서
드러난 예수님의 지상명령의 완수 외에 그 무엇도 아닐 것이다!
많은 이들은 종말이 언제 올 것인지에 대하여 의문을 가진다. 어떤
이들은 전쟁과 자연재해에 대해서 이야기하는가 하면, 또 다른 이
들은 세계적인 대이변을 이야기한다. 또 많은 이들은 이스라엘에
게 종말과 연관된 열쇠가 있으니 이스라엘을 바라보아야 할 것을
주장한다. 하지만 이스라엘 사람인 예수님의 제자들도 예수님께
"주의 임하심과 세상 끝에는 무슨 징조가 있사오리이까"(마 24:3)라
고 질문하였기에, 예수님의 말씀에 귀를 기울이는 것이 오히려 더
나을 것 같다.

예수님은 이 질문을 외면하지 않으셨지만, 먼저 당신의 재림과 종

말 이전에 나타나게 될 징조들에 관하여 언급하셨다. 즉 예수님께서는 거짓 선지자, 전쟁에 대한 소문, 지진, 믿는 자들을 향한 박해에 대하여 말씀하셨다. "이런 일이 있어야 하되 끝은 아직 아니니라"(마 24:6).

그렇다면 예수님의 재림 이전에 마지막으로 일어날 징조는 과연 무엇일까? 예수님은 제자들에게 분명히 말씀하셨다. "이 천국 복음이 모든 민족에게 증거되기 위하여 온 세상에 전파되리니 그제야 끝이 오리라"(마 24:14). 여기에서 '민족'으로 번역된 헬라어 단어는 정치적 나라를 상징하는 것이 아니라 같은 인종으로 형성된 민족을 가리킨다. 하나님의 계획은 인류에게서 뻗어 나온 가지들인 모든 민족들에게 독생자 예수님을 명쾌하게 증거하는 것이며, 이 일이 일어나면 세상의 마지막이 올 것이다.

우리의 목표를 이루게 되었음을 어떻게 알 수 있을까? 예수님께서 오시고 종말이 오는 그때 우리는 알게 되리라! 그때가 오기까지, 우리는 복음을 들어 보지 못한 모든 이들에게 계속하여 복음을 전할 것이다.

백투예루살렘 운동에는 어떤 이들이 참여할 수 있는가?

지상명령을 완수하는 사명은 중국 교회들에게만 있는 것이 아니다! 하나님이 중국에게 주신 이 계획에 관한 구체적인 역사, 비전, 하나님의 전략들을 이 책에서 언급하고 있는 것을 보면서 당신은 중국 교회만이 지상명령을 수행하게 될 것이라고 생각할 수 있다. 하지만 예루살렘으로 복음을 들고 가 하나님의 지상명령을 이루는 사명은 예수님이 모든 국가와 모든 세대의 그리스도인들에게 2천 년 전에 주신 비전이다. 이 비전에 참여하는 초대권은 성령으로 거듭나 인류 구원에 부담을 가진 모든 이들에게 있다.

넘치는 사랑을 소유한 전 세계의 훌륭한 그리스도인들이 이미 이슬람권, 불교권, 힌두교권에 있는 잃어버린 영혼들에게 복음을 전하고 있으며, 우리는 그들을 위하여 매일 기도하면서 그들의 사역으로 인해 하나님께 감사드린다!

성경은 국적이나 배경과 상관없이 모든 이들을 격려한다. 예수님께서는 이렇게 말씀하셨다. "또 너희에게 이르노니 동서로부터 많은 사람이 이르러 아브라함과 이삭과 야곱과 함께 천국에 앉으려니와"(마 8:11).

구원의 소식만이 모든 족속과 인종에게 주어지는 것이 아니다. 예수님의 제자들에게 전해진 땅 끝까지 복음을 전하라는 그 명령도 모든 그리스도인들에게 동등하게 주어진 사명이다. 어떤 그리스도인들은 '선교'라는 것이 "서양으로부터 세계를 향한 것"이라고 생각하지만, 성경 그 어느 곳에도 선교사가 백인이어야 한다는 말은 없다! 선교사들이 꼭 부유한 나라에서 올 필요는 없으며, 성서대학교나 신학대학원을 거친 이들에게만 주어지는 사명도 아니다. 선교사는 주님을 사랑하는 마음과 잃어버린 세계를 향한 열정만 지니고 있으면 된다. 이것이 선교사역을 위한 유일한 자격 조건인 셈이다. "너희는 온 천하에 다니며 만민에게 복음을 전파하라"는 말씀이 기록된 마가복음 16장 15절은 영어와 중국어 성경책에만 기록된 구절이 아니라, 하나님의 말씀을 번역한 모든 나라의 성경책에 기록되어 있는 구절이다. 아프리카와 유럽과 남미와 아시아에 있는 그리스도인들도 예수님께 같은 명령을 받았다. 그래서 사회, 정치, 인종, 경제적 상황과 관계없이 모든 그리스도인들은 땅 끝까지 복음을 전해야만 한다. 하나님의 이 명령을 듣고 읽은 모든 이들은 이에 대하여 반응할 책임이 있다.

하나님이 아시아 몇 지역의 그리스도인들에게 세계선교를 향한 전략과 뚜렷한 부르심을 주신 경우들이 있다. 예를 들어, 동북 인도에 위치한 나갈랜드(Nagaland)의 교회들은 1950년대, 60년대, 그리고 70년대에 엄청난 부흥의 불길을 체험하였다. 오늘날 나갈랜드 사람 가운데 대부분은 예수 그리스도를 향한 믿음을 고백한다. 1970년대 초에 나갈랜드 사람들은 만 명의 타문화 선교사들을 10/40 창으로 파송할 것을 서약했다. 우리는 나갈랜드 사람들뿐만 아니라 모든 그리스도인들에게 하나님과 지상명령을 위하여 힘쓰기를 당부한다. 백투예루살렘 운동은 참으로 세계 교회를 위한 것이다. 우리는 이 비전이 당신의 삶을 되돌아보게 하여, 당신이 잃어버린 영혼들을 향한 동일한 부르심을 가지고 동일하게 헌신하기를 원한다. 우리가 함께 기도하고 동역하지 않으면 이 비전을 이룰 수 없을 것이기 때문이다.

그렇다면 백투예루살렘 운동에 동참할 수 있는 사람은 누구인가? 주님께서 부르시는 모든 사람, 그리고 자신이 사는 곳에서부터 시작하여 백투예루살렘 운동을 삶으로 실천하는 사람들이다.

이것은 무엇을 의미하는가? 이 비전을 위해 피 흘려 죽을 각오가 되어 있다면 바로 당신이 이슬람권과 불교권과 힌두권을 향해 전진하는 중국 교회의 참된 동역자임을 의미한다.

모든 그리스도인들이 백투예루살렘의 비전을 믿는가?

이 비전을 세계 곳곳의 교회 지도자들에게 제시하면서, 우리는 백투예루살렘 비전이 하나님께 받은 비전임을 강하게 확신하는 사람들을 보았다. 그들은 이 비전 속에서 하나님의 손길을 발견하였고 적극 동참하기를 간절히 바란다. 하지만 또 다른 그리스도인들은 이 비전에 대하여 수없이 들어도 백투예루살렘이 갖고 있는 진정한 의미를 파악하지 못한다. 심지어 서양의 선교 지도자들도 이 비전에서 아무런 가치를 발견하지 못했다. 하물며 그들은 '아주 미련함'이란 말로 이 비전을 표현하였다. 그들은 마치 이사야가 언급한 사람들과 같다. "대저 여호와께서 깊이 잠들게 하는 신을 너희에게 부어 주사 너희의 눈을 감기셨음이니……너희 머리를 덮으셨음이니……그러므로 모든 묵시가 너희에게는 마치 봉한 책의 말이라"(사 29:10-11).

그러나 우리는 사람들의 반응에 대하여 그다지 염려하지 않는다. 우리는 하나님이 우리에게 허락하신 이 비전을 지난 70년간 펼쳐 오셨음을 잘 알고 있다. 이 비전이 하나님께 온 것이 아니라면 우리는 수십 년간의 핍박을 견디지 못하였을 것이다. 또한 수많은 사람들이 이 비전을 위하여 이미 생명을 잃었다. 백투예루살렘의 비전을 소개할 때, 믿을 사람도 있을 것이며 또 믿지 않을 사람도 있을 것이다. 가장 중요한 사실은, 하나님께 부르심 받은 사람들만이 하나님의 마음과 원하시는 바를 안다는 것이다. 그러므로 우리는 빛 가운데 걸어야 한다. 교회가 어두운 가운데서 걸으면 정말 위험하다. 빛 가운데 있으면 모든 사물을 뚜렷하게 볼 수 있어 비록 우리를 가로막는 장애물들이 많을지라도 능히 피하여 넘어지지 않을 것이다. 하지만 구름에 가리워진 듯 사물이 보이지 않으면 하나님이 원하시는 바대로 전진할 수 없음을 명심해야 하리라.

당신 또한 예루살렘으로 복음을 들고 가는 하나님의 비전을 보았을 수도 있다. 다른 이들이 당신의 말하는 바를 알지 못할 때, 당신은 택함 받은 사람들 가운데 있음을 감사해야 할 것이다. 사람이 하나님께 받은 계시를 선포하면 언제나 이웃의 핍박과 질투를 경험하게 된다. 사탄은, 당신이 자신만의 계획과 비전을 가지고 있는 것을 염려하지 않는다. 하지만 하나님의 보좌로부터 비전이 임할 때에는 거세게 반대한다. 그러므로 하나님께 받은 비전을 품고 있음이 만사가 형통할 것을 의미하지는 않는다. 요셉이 자신이 받은 비전을 형제들에게 고하였을 때에 오히려 형제들은 요셉을 죽이려 하지 않았던가! 또한 그는 비전이 희미해질 수도 있는 감옥에서 오랜 세월을 살았지만, 결국 하나님은 그에게 거짓말하지 않으셨다. 우리가 오래 참고 순종하면 하나님의 비전은 반드시 이루어진다. 우리는 결국 석방되어 이집트의 제2권력자가 된 요셉을 볼 수 있다. 중국의 많은 목사들 역시 하나님께 비전을 받았지만, 비전이 이루어진 것은 그들이 감옥 속에서 오랜 세월을 보낸 뒤였다.

하나님이 그분의 영광을 위한 비전을 당신에게 주셨으면, 천국의 부르심에 응답하여 순종하라. 길은 평탄치 않을 것이지만 끝까지 참으면 승리하리라. 중국에서 우리는 이따금씩 이렇게 말한다. "우리의 왕을 위하여 한 번만 더 최전방에 나가자. 그리하면 그리스도가 오실 것이다! 이 모든 것이 끝나면 천 년 동안 쉴 수 있지 않은가!"

우리는 수많은 사람들이 이 비전을 이해하고, 이 일을 위해 죽기까지 동참할 마음을 갖게 되어서 너무나 감사하다! 우리는 세계 도처에서 하나님이 선택하신 모든 자들과 함께 손을 맞잡고 나아가기를 소망한다.

세계를 품은 기도

1. 중국 교인들의 마음속에 복음을 전할 수 있는 뜨거운 불과 열정이 타오를 수 있도록.
2. 성도들의 삶이 하나님의 성품과 신뢰를 드러낼 수 있도록.
3. 교회가 하나님의 마음과 뜻을 알게 되어 백투예루살렘의 비전에 기꺼이 순종하며 예수님의 다시 오심을 준비하도록.
4. 예수님의 이름으로 부름 받는 모든 이들이 진리 안에서 연합하도록. 우리를 나누는 인위적인 벽을 무너뜨리셔서 우리가 하나님께 받은

위대한 비전을 성취할 수 있도록.

5. 세계의 모든 그리스도인이 함께 일하고 기도함으로써 지상명령을 이
   룰 수 있도록.

제10장
제자인가, 아니면 그냥 신자인가?

누구든지 자기 십자가를 지고 나를 좇지 않는 자도 능히 나의 제자가 되지 못하리라
……이와 같이 너희 중에 누구든지 자기의 모든 소유를 버리지 아니하면
능히 내 제자가 되지 못하리라(누가복음 14:27,33).

이러므로 제자 중에 많이 물러가고 다시 그와 함께 다니지 아니하더라(요한복음 6:66).

다음 세 장에서는 백투예루살렘 비전을 이루기 위해 전 세계의 그리스도인들이 지켜야 할 원칙들을 나누고자 한다. 주님이 축복하시어 당신을 지상명령을 완수하는 이 일에 동참할 준비된 군사로 만드시기를 기도한다.

세계에는 현재 20억이 넘는 그리스도인들이 있다. 한번 생각해 보라. 예수 그리스도를 주로 고백하고 따르는 이들이 무려 20억이나 있다는 것이다! 이것은 정말 어마어마한 숫자다.

그런데도 그렇게 많은 국가들이 왜 복음에 굶주린 상태에 놓여 있으며, 영적으로 암흑에 있는 곳들이 왜 그리도 많은가? 2천 년이라는 긴 세월 동안 기독교가 존재해 왔음에도 불구하고 왜 백투예루살렘 운동이 필요하단 말인가?

문제는 오늘날 대부분의 성도들이 행하는 그리스도인의 삶에 있다. 수

백만 명의 성도들에게 예수님을 따르는 것은 단순히 하나의 문화적인 체험에 지나지 않는다. 교회에 다니는 것은 단지 새로운 사람들을 만나, 결과적으로 아무런 중요성이 없는 화제에 대해 담소를 나누는 사회적 클럽에 지나지 않는다. 그들이 성경을 읽는다면 그것은 의무적인 생각 가운데 읽는 것이지, 말씀을 통해 삶을 변화시킨다거나 생명력 있는 살아 계신 저자와의 교제와는 거리가 멀다.

예수님을 십자가에서 돌아가신 역사적인 인물로, 언젠가는 재림하실 미래의 인물로 보는 그리스도인들은 많다. 그러나 지금도 살아 계셔서 친구요 신랑이요 주가 되어 주시며, 함께 꿈과 염려를 나누고 동행하여 삶을 살아가는 의미로 예수님을 받아들이는 그리스도인은 극히 적다.

또한 중국을 포함한 세계의 수백만 교회들은 율법주의에 얽매여 있다. 인위적인 규칙을 따르는 것이 예수님의 손을 잡고 함께 동행하는 것보다 더욱 중요해진 것이다. 그리스도인의 생활은 하나의 인내력 시험으로 전락하였고 그 생명력과 기쁨은 소멸된 지 오래다!

사랑하는 형제자매들이여, 속지 말기를 바란다! 이렇게 율법에 얽매인 교회는 사탄의 속임에 빠져 들고 있을 뿐이다. 이렇게 율법에 사로잡힌 성도들은 하나님의 나라를 위하여 영혼을 구원할 수 없다. 율법주의적인 그리스도인들이 영혼을 구원하는 것은 불가능하다. 그들은 자신들의 원칙들을 남들에게 따르게 할 수는 있지만, 목마른 영혼들에게 영원히 목마르지 않는 물을 마시게 할 수는 없을 것이다. 자신도 예수님을 제대로 알지 못하면서 어떻게 남을 예수님께 인도할 수 있겠는가?

한 가지 자명한 사실이 있다면, 백투예루살렘 비전이 목표로 삼은 20억의 무슬림과 불교 신자와 힌두교 신자는 열정 없는 그리스도인들을 통해서는 결코 복음화될 수 없다는 것이다. 그들이 모든 것을 버리고 예수님을 진정으로 따랐던 제자들의 삶처럼 하나님의 진리의 말씀을 대면하게 될 때, 이슬람교와 불교와 힌두교 사람들은 비로소 반응을 보일 것이다.

오늘날 '신자'들의 수는 이미 필요 이상으로 많다. 그러나 하나님은 제자를 찾고 계신다!

이 책이 출판되기 직전, 그 치명적인 사스(SARS) 바이러스는 중국과 아시아의 몇 지역에 걸쳐 퍼지고 있었다. 과학자들은 그 전염병이 '초보균자'(超保菌者)에 의해 퍼진 것으로 여긴다. 이 초보균자는 상호작용을 통해 수백 명을 감염시킬 수 있다. 이들이 가는 곳마다 바이러스를 퍼뜨리면, 그로 인해 사람들의 인생의 흐름이 영원히 바뀌게 된다. 기독교 지도자들은 죽은 자—즉 이기적인 욕망과 인간의 칭찬에 대하여 죽은, 정말 하나님의 영광과 그 나라의 확장을 위해서 살고자 하는 자—만 감염시키는 천국의 바이러스를 보유한 초보균자가 되어야 할 것이다.[40]

불행히도 서양의 교회들은 복음의 바이러스를 퍼뜨리고자 하는 비전으로 가득한 초보균자를 찾아 죽이는 종교적인 안티 바이러스를 소유하고 있는 듯하다. 수만 개의 교회들은 설교에 대해 무감각하다. "주께서 가라사대 이 백성이 입으로는 나를 가까이하며 입술로는 나를 존경하나 그 마음은 내게서 멀리 떠났나니 그들이 나를 경외함은 사람의 계명으로 가르침을 받았을 뿐이라"(사 29:13).

그리스도인들은 "믿음, 소망, 사랑"(고전 13:13)을 행할 것을 명령받았다. 하지만 안티 바이러스로 감염된 수백만 명의 성도들에게는 믿음이 좌절로 변하였으며, 소망이 환멸로 전락하였고, 사랑은 회의와 공포로 뒤덮였다. 만일 당신 또한 낙담과 실패에 갇혀 있다면, 소망이 있음을 알아야 한다! 하지만 하나님이 계획하신 인생대로 살기 위해서는 먼저 회개가 이루어져야 한다. 마음속 깊은 곳에서부터 하나님을 찾고 많은 이들의 삶을 축복할 수 있는 천국의 비전을 구하라.

하나님은 복음의 초보균자를 찾고 계신다. 영적 생명으로 감염되어야 할 수백만 명의 영혼들에게 하나님의 불과 사랑을 들고 갈 남자와 여자와 어린아이들을 찾고 계신다!

오직 예수님의 제자만 하나님의 영광을 위하여 세계 열방에게 영향을 끼치는 소망을 품는다.

1950년대 이전, 중국 성도들의 대부분은 예수님을 단순히 믿는 '신자'에 불과했다. 그리하여 핍박이 찾아왔을 때, 많은 자들이 믿음을 잃게 되었다. 하지만 또 많은 사람들은 하나님을 경외하였으며 어떤 값을 치르게 되더라도 하나님을 따를 것을 각오했다. 시간이 지남에 따라 그들은 예수님의 제자로 서서히 변화되었고 십자가에 매달리신 예수님을 전하였으며, 제자 된 자들 역시 십자가에 못박히는 고통을 받아야 함을 깨달았다.

오늘날 중국의 지하교회의 성도들은 대부분 예수님께 헌신된 제자들이다. 모든 그리스도인들은 영혼을 구하는 낚시꾼이요, 지상명령에 동참하는 동역자이다. 교회의 사역은 소수의 자격 있는 개인으로 인하여 이루어지는 것이 아니라 전국에 분포한 수백만 명의 농부와 회사원과 판매업자와 여성들의 협동으로 이루어진다. 가장 위대한 복음 사역자들 가운데 몇몇은 십대 청소년들이다. 이들은 하나님의 부르심을 받아 이 마을 저 마을을 다니며 예수님이 과거에 행하신 기적을 선포할 뿐만 아니라, 오늘날 자신의 인생을 주님께 맡기는 이들에게 행하시는 기적의 복음을 전하고 있다.

진정한 제자란 대중이 이해하지 못하는 사람들이다. 그들은 내면이 불안정한 광신자라는 칭호를 얻는다. 때로 정부는 '신자'는 허용하지만, 자신의 국경 내에 활동하는 '제자'들은 모두 소멸하려 한다.

신자들은 하나님을 따르려 하지만, 그들의 기도와 헌신은 결단력 부족으로 약해지고 만다. 그들의 기도는 다음과 같다. "주님, 저는 너무나 연약합니다. 당신의 능력을 내려 주옵소서. 나는 죄로 인하여 묶여져 있습니다. 저를 해방시켜 주옵소서." 그들이 하나님의 나라를 위하여 떠나라는 왕의 부르심을 받으려면 먼저 확실한 보증을 받아야만 한다. "우선 제 아내와 제 상사와 장모님의 의사를 확인한 후 결정하겠습니다."

신자는 예수님을 위하여 헌신할 때 모든 것이 형통할 것이라는 보증이 있고 위험과 불안이 없어야만 첫발을 내딛는다!

제자는 다른 태도를 취한다. 중국에서 많은 제자들은 하나님의 능력을 간구한다. 그들은 이렇게 기도한다. "하나님, 당신의 영적 '폭탄'을 조금이라도 허락하여 주십시오. 그리하면 제가 찾을 수 있는 가장 어두운 지역으로 찾아가겠습니다. 그리고 주여 구하오니, 주님께서 내리시는 천국의 불로 그들을 태우소서."

하나님은 언제나 그렇게 행하신다. 그리고 이것이 바로 중국에서 그토록 복음이 신속하게 확장될 수 있었던 비밀이다.

중국 교회 가운데 하나님이 위대하게 사용하신 제자들의 간증은 사실상 수천 가지나 된다. 그 중 예수님의 진정한 제자다운 삶을 여러 각도에서 잘 보여 주는 간증 셋을 나누고자 한다.

챵(常) 자매의 순종

너희가 범사에 순종하는지 그 증거를 알고자 하여 내가 이것을
너희에게 썼노라(고후 2:9).

허난성의 지하교회 지도자인 챵 자매에게 하나님은 매우 황당한 일을 맡기셨다. 바로 동네 경찰서 앞에서 복음을 전하라는 것이었다. 이런 행동은 서양 국가들에서도 체포 사유가 될 수 있으며, 공산주의 국가인 중국에서는 심한 처벌을 받을 수 있다. 하지만 챵 자매가 기도를 하면 할수록, 그 사명을 감당하라는 하나님의 목소리는 더욱 또렷하게 들렸다. 결국 그녀에게 하나님을 순종하는 것 이외의 길은 보이지 않았다.

경찰서 밖의 계단 위에 서서, 그녀는 당황한 청중에게 하나님의 복음을 선포했다. 몇 분 지나지 않아 당국이 그녀를 끌고 갔다. 사람의 눈으로 보았을 때에 그녀의 순종은 어리석어 보였지만, 하나님은 우리가 보

지 못하는 것을 보신다.

챵 자매는 재판을 받지 못한 채 구속되었으며 수천 명의 잃어버린 영혼이 감금되어 있는 인근의 여성 교도소에 갇히게 되었다. 그녀는 주변의 죄수들에게 복음을 담대히 전하였고, 복음의 불길은 급속도로 번지게 되었다. 3개월이 지나자 약 800명의 여성 죄수들이 예수님을 영접하는 역사가 일어났으며, 감옥 분위기가 완전히 바뀌었다! 새로운 찬양 소리, 예배로 인한 아름다운 소리가 복도와 재판장까지 울려 퍼지게 된 것이다.

교도소장은 이 변화된 분위기에 엄청난 감명을 받았고, 그 원인이 바로 챵 자매라는 것을 알게 되었다. 그는 챵 자매를 자신의 행정 집무실로 불러 크게 칭찬했다. "자네 덕분에 내가 할 일이 무척 수월해졌어! 이제는 죄수들이 싸우지 않고 하나같이 온순하게 말을 잘 듣네. 이곳은 자네 같은 사람이 필요해. 오늘 석방시켜 줄 테니 이 교도소에 취직하게. 한 달에 3천 원 주겠네."(3천 원은 미화로 375달러나 된다. 당시 허난성과 같은 농촌 지역에서는 엄청난 금액의 돈이었다.) 계속해서 그가 말했다. "또 자네에게 운전 기사 딸린 차도 주고 편안한 집도 마련해 주겠네."

챵 자매는 이 제안에 대해 잠시 고민하다가 대답했다. "20년 전, 저는 예수 그리스도의 제자가 되었으며 그분은 저에게 놀라운 일들을 행하셨습니다. 소장님이 주시겠다는 차나 운전사나 집은 예수님이 제 인생을 통해 이루시고자 하는 비전과 전혀 상관없는 것 같습니다. 저는 주님의 것이기에 앞으로도 복음만을 전할 것입니다."

이렇게 교도소장의 제안을 뿌리쳤음에도 챵 자매는 그날로 석방되어 주님을 위한 사역을 계속하였다.

주님이 말씀하시는 대로 행하면 유익한 일이 생기는 법이다. 주님이 말씀하시면 따지지 말 것이며, 싸우지도 말 것이며, 모든 구체적인 사항을 머릿속에 정리하려고도 하지 마라. 그냥 말씀대로 행하라. 이것이야말로 진정한 그리스도의 제자임을 나타내는 하나의 증표이다.

상하이의 위엔(原) 자매

무릇 내게 오는 자가 자기 부모와 처자와 형제와 자매와 및 자
기 목숨까지 미워하지 아니하면 능히 나의 제자가 되지 못하고
(눅 14:26).

위엔 자매는 상하이의 가장 부유한 집안에서 태어났다. 1967년에 체포되어 투옥된 그녀는 당시 11세인 아들과 9세인 딸을 키우는 과부였다.

위엔 자매가 투옥되고 일년이 지나자 자녀들을 대신 돌보아 주던 그녀의 어머니가 죽었다. 당국은 그녀에게 '동정'을 보여 주는 의미로 자녀들을 돌볼 수 있도록 석방시켜 주겠다고 했다. 그러나 석방의 조건으로 '범죄'를 뉘우치는 글을 작성하라고 했으며 "이번 일년간 자네 태도가 모범적이었기에 상을 주겠다"고까지 했다.

당국은 의도적으로 위엔 자매의 두 자녀를 어머니와 면회하도록 교도소 출입구로 데려오게 했다. 위엔 자매에게는 짐을 싸서 집에 갈 준비를 하라고 말했다. 자녀들을 보자마자 그녀는 마음이 찢어지듯 아팠으며 사랑의 눈물이 고이기 시작했다.

그때 교도관이 그녀에게 물었다. "둘 중 택해. 예수냐, 아니면 네 두 자녀냐? 예수를 택한다면 감옥에 남아야 하고 자녀를 택한다면 집에 갈 수 있도록 해 주겠다. 네가 섬기는 하나님도 당연히 너의 피와 살인 자녀를 택하는 것을 원하지 않겠느냐?"

게다가 위엔 자매의 자녀들은, "엄마, 보고 싶었어요! 집에 가요, 네?"라며 울부짖었다.

그리고 곧이어 간수가 와서 그녀에게 종이와 연필을 주며 자신의 잘못을 뉘우치는 글을 쓰도록 지시했다. 그녀는 종이 위에 큰 글씨로 다음과 같이 적었다. "무엇과도 바꿀 수 없는 예수님. 나의 자녀도 예수님을 대신할 수 없다."

그녀는 감옥에 남기를 택한 것이다.

간수는 아이들을 내쫓으며 이렇게 소리쳤다. "너희들 잘 들어! 너희 엄마는 너희를 버렸어! 엄마는 너희를 사랑하지 않아!"

위엔 자매는 그 후로도 23년간을 더 감옥에서 보내야만 했다.

그녀가 드디어 석방되었을 때, 그녀의 아들은 34세였으며 티베트에서 정부와 관련된 일을 하고 있었다. 위엔 자매는 그 긴 세월 동안 그 아들을 단 한 번도 보지 못했다. 국가는 그녀의 아들을 무신론을 가르치는 학교에 보내 그의 어머니가 예수 때문에 그를 버렸다는 사실을 철저히 가르쳤고, 그 결과 그는 하나님을 믿지 않았다. 그동안 많은 그리스도인들이 그에게 복음을 전했지만, 그의 대답은 늘 같았다. "당신들이 믿는 예수는 우리 어머니를 빼앗아 갔어. 내가 그런 예수를 왜 믿어야 해?"

위엔 자매는 석방되자마자 아들을 찾기 위하여 티베트로 갔다. 그러나 그녀를 본 아들은 자신에게는 어머니가 없다며 그녀를 집 밖으로 쫓았다. 그 이후로 위엔 자매는 아들을 두 번 다시 볼 수 없었다.

예수님의 제자가 되는 것은 결코 쉬운 일이 아니다.

부끄러움이 변하여 면류관으로

> 사람을 두려워하면 올무에 걸리게 되거니와 여호와를 의지하는
> 자는 안전하리라(잠 29:25).

문화혁명 당시 그리스도인들은 공공장소에서 자신들의 죄명을 기록한 원뿔 모양의 큰 모자(일명 '바보 모자')를 쓰고 거리를 행진해야 했다. 이 모자의 길이는 1미터가량 되었고, 대나무로 제조된 것이라서 매우 무거 웠다. 국민들은 이 모자를 쓴 죄수들을 조롱했으나, 몇몇 신자들은 이 고통과 수치를 참고 견디면 세상 그 무엇도 그들을 해칠 수 없다는 사실을 굳게 믿었다.

쉐이(水) 형제 또한 이런 그리스도인 가운데 한 사람이었다.

쉐이 형제가 야외에서 행진할 차례가 되었을 때, 경찰들이 바보 모자를 찾지 못해 그는 모자를 쓰지 않은 채 행진하게 되었고 이에 적지 않게 실망했다. "예수를 믿는 사람이오"라는 자기의 죄명이 기록된 모자를 진심으로 쓰고 싶었기 때문이다. 많은 그리스도인들은 이 표현을 수치로 여기기보다 자랑스러운 명예의 상징으로 여겼다. 더군다나 행진하는 그들의 얼굴에는 항상 기쁨과 평안이 가득해서 옆의 다른 죄수들과 비교되었기 때문에 믿지 않는 자들에게 예수님을 증거할 수도 있었던 것이다.

쉐이 형제는 심히 괴로워하면서 기도했다. "오 주님, 저를 잊으셨나이까?"

행진 둘째 날, 쉐이 형제를 위한 바보 모자를 하나 찾아냈다. 그는 진심으로 기뻐했다! 행진 가운데 그의 얼굴은 기쁨으로 빛났으며 이제는 주님을 위하여 온전히 고난을 당할 수 있는 자격이 그에게 주어졌음을 깨달았다. 또한 많은 그리스도인들은 쉐이 형제의 얼굴에 나타난 주님의 기쁨을 바라보며 큰 힘을 얻을 수 있었다.

행진이 끝나자 쉐이 형제는 경찰에게 자신의 '범죄'를 기억하기 위한 기념품으로 그 바보 모자를 달라며 간청했다. 경찰들은 말도 안 되는 요구라 생각하면서도 그렇게 하도록 했다.

석방된 후 자신의 농장으로 돌아간 쉐이 형제는 놀랍게도 바보 모자를 쓰고 밭에서 일을 하였고, 이웃들이 이 광경을 보게 되었다. 많은 이들은 쉐이 형제를 정신 나간 사람으로 혹은 수치를 모르는 사람으로 여겨 경멸하였다. 하지만 쉐이 형제는 예수님을 온 마음을 다하여 사랑하는 꾸밈없는 사람이었을 뿐이다.

정부는 쉐이 형제가 수치와 부끄러움이 되었어야 할 상징을 자신의 유일한 자랑으로 여기는 것을 보고 분개하였으며, 그 어떠한 방법으로도 쉐이 형제에게서 주님을 떠나게 할 수 없다는 사실을 깨달았다.

세상과 사람을 두려워하지 않는 자는 세상도 어찌할 수 없다.

진실로 "죽음을 택할 수 있을 정도로 소중한 그 무엇인가를 발견하지 못했다면 살아갈 만한 진정한 가치 역시 발견하지 못한 사람이다"라는 격언이 사실이라 생각한다.

당신은 죽음을 택할 수 있을 정도로 소중한 그 무엇을 발견하였는가?

제11장

잠자는 교회여, 일어나라!

여름에 거두는 자는 지혜로운 아들이나 추수 때에 자는 자는
부끄러움을 끼치는 아들이니라(잠언 10:5).

게으른 자는 가을에 밭 갈지 아니하나니 그러므로 거둘 때에는 구걸할지라도
얻지 못하리라(잠언 20:4).

　　세상은 길을 잃고 방황하고 있다! 성경은 모든 인류가 영적으로 죽었
다고 선포한다. 시체는 반드시 부패하여 냄새가 날 수밖에 없다! 세상
사람들은 죄악의 바다 가운데서 익사하고 있다. 살아 있는 날 동안 복음
을 듣지 않는 자들은 지옥 가운데서 영원한 형벌을 받게 될 것이다. 그
죽어가는 사람들을 향해 예수님이 이 끔찍한 운명을 벗어날 수 있는 방
법을 친히 마련하셨다는 '복음'을 듣게 하는 유일한 방법은 입을 열어
그들에게 말하는 것이다! 많은 그리스도인들은 잃어버린 영혼들에게 복
음을 전하는 것은 다른 사람들의 몫이라고 흔히 생각한다. 우리는 전도
하지 못하는 것에 대해 변명을 늘어놓으며 자신의 양심을 달래지만 주님
은 우리 내면에 있는 모든 것을 아신다.

　　너는 사망으로 끌려가는 자를 건져 주며 살륙을 당하게 된 자를
　　구원하지 아니치 말라 네가 말하기를 나는 그것을 알지 못하였

노라 할지라도 마음을 저울질하시는 이가 어찌 통찰하지 못하시겠으며 네 영혼을 지키시는 이가 어찌 알지 못하시겠느냐 그가 각 사람의 행위대로 보응하시리라(잠 24:11-12).

시간이 촉박하다. 주변에 수백만이나 되는 사람들이 멸망하여 지옥에 떨어질 동안 그리스도인들이 시간을 허비하며 오락이나 즐기고 있으면 안 된다.

구세군을 창설한 윌리엄 부스(William Booth)는 1800년대에 하나님께 붙잡혀 위대하게 쓰임 받은 사람이다. 그는 어느 날 영국으로 가는 기차 안에서 하나님의 강력한 비전을 받았으며, 그 비전은 윌리엄 부스의 인생을 영원히 바꾸어 놓았다. 그의 말을 묵상하면서 우리의 마음을 점검하여 우리가 하나님 나라에 활동적으로 참여하는 자인지 아니면 옆에서 관람하는 자로 전락하였는지 확인해 보자.

나는 암흑으로 뒤덮여 있는 폭풍우 속의 바다를 보았다. 그 위에는 검은 먹구름이 짙게 깔려 있었다. 때때로 그 먹구름 사이에 선명한 번개와 함께 우렁찬 폭음이 들렸으며, 바람은 신음하듯 몰아쳤고 바다는 하늘 높이 치솟아 해안가에 떨어져 깨어졌다. 그 바다 가운데 나는 무수한 사람들이 떠 있는 광경을 보았다. 그들은 고함치고 비명을 지르며 저주를 퍼부었고, 바다와 싸우면서 그 속으로 빠져 들어갔다. 그들 중 수면으로 다시 떠올라 비명을 지르며 저주를 하는 사람들이 있는가 하면, 다시는 수면으로 떠오르지 못하는 이들도 있었다.
그 어둡고 성난 바다 가운데 하나의 거대한 바위가 떠올랐고 그 꼭대기가 성난 바다 위의 먹구름보다 높이 솟아오른 것을 보았다. 이 거대한 바위의 기슭에 넓고 평평한 갑판이 있었다. 바다와 싸우며 죽어 가던 수많은 불쌍한 이들 가운데 바다에서 빠져 나와 그 갑판 위에 올라서는 사람들이 연이어 보이기 시작했다. 갑판 위로 이미 도피한 사람들 가운데 소수는 여전히 성난 파도 속에 던져진 사람들이 안전한 곳에 닿을 수 있도록 도와주었다. 그런데 더 자세히 관찰해 보니 그 중 몇몇은 부지런히 일하며 사다리와 밧줄과 배를 만들어 바다에 빠진 이들을 더욱 효과적으로 도울 수 있는 방법들을 고안해 내고 있었다. 또 몇은 위험을 감수하며 '죽어 가는 자들을 구해 내고자' 하는 열정으로 직접 물에 뛰어들었다. 바다에서 빠져나오게 된 이들, 그리고 그들을 돕기 위해 몸을 던지는 이들, 둘 중 어느 부류가 내게 더 큰 기쁨이 되었는지 나는 알 수 없었다.

계속 바라보면서 나는 평평한 갑판 위의 사람들이 참 다양한 집단으로 모여 있음을 알게 되었다. 그들은 다양한 계층으로 이루어져 있었고 각자 다른 직업에 종사하고 있었으며 각자 나름대로 유흥을 즐겼다. 하지만 바다 속의 불쌍한 이들을 구원하는 일을 직업으로 삼은 사람들은 소수뿐이었다. 나를 가장 당황하게 한 것은, 갑판 위의 모든 사람들이 한번쯤은 다른 이의 도움으로 구원을 받게 된 사람들임에도 마치 그 사실을 잊은 듯한 모습이었다. 그들은 더 이상 어두운 바다의 공포와 흑암을 두려워하지 않았던 것이다. 아니, 무관심했던 것이다. 그리고 나를 더 당황하게 한 것은 자신들의 아내와 남편과 형제와 자매와 심지어 자녀들까지 포함된 그 바다 속의 무리가 눈앞에서 바다와 싸워 가며 익사하고 있는데도 불구하고, 아무도 대응하지 않고 관심조차 갖지 않았다는 것이다.

그들의 눈앞에 그 삭막한 광경이 펼쳐져 있었고 그 상황을 놓고 대화를 나누기도 했기에, 그들의 황당한 무관심은 무지나 무식함으로 인한 것이 결코 아니었다. 많은 이들은 심지어 바다에서 빠져 죽어 가는 수많은 사람들의 실정을 알리는 설교와 말씀을 정기적으로 듣고 있었다.

갑판 위의 사람들은 추구하는 이상이 모두 달랐으며, 각각 다른 취미 생활을 즐겼다. 몇은 밤낮으로 이익을 얻기 위해 사업과 무역을 했고 그들의 이윤을 상자나 창고에 쌓아 올렸다. 많은 이들은 바위의 측면에 꽃을 심었고 또 다른 이들은 천 위에 그림을 그리는가 하면 음악을 연주하기도 했으며, 유행하는 다양한 옷을 입고 걸어 다니면서 사람들의 시선 받기를 즐겼다. 어떤 사람은 먹는 것과 마시는 것에 정신을 쏟았고, 어떤 사람은 바다에서 건져 올린 이들에 대하여 논쟁하고 있었다. …… 그러나 그러는 가운데 바다 속의 무리는 그들의 눈앞에서 계속 비명을 지르며 암흑 속으로 빠져 들어갔다.

이때 전에는 절대 볼 수 없었던, 특이하고 이상한 현상을 보게 되었다. 바다 속에 빠진 이들을 살리고자 힘든 일을 하시는 놀라운 존재가 이 일을 와서 도우라고 간청하시는데도 불구하고 갑판 위의 사람들 중 몇은 그분께 자기들에게 와 달라고 울며 기도하는 것이었다! 어떤 이는 그 놀라운 존재가 자신과 함께 머물기를 기도했으며, 또 다른 사람들은 자신의 행복을 위하여 그분이 시간과 능력을 투자해 주실 것을 간구했다. 다른 이들은 그분이 갑판 위의 사람들에게 적어 주신 진리의 편지 가운데 의심나는 것들과 해로운 것들을 가져가 주시기를 원했다. 어떤 사람들은 다시는 바다에 빠지지 않도록 자신을 그 바위 위에서 훨씬 더 안전하게 도와 달라고 부탁했다. 몇 사람이 조심성 없이 바위의 가장자리에서 걷다가 다시 바다로 빠진 것을 목격한 이들은, 자신을 바위에서 벗어나게 하여 대륙에 들어가게 해 주기를 부탁했다.

이 사람들은 정기적으로 만나면서, 할 수 있는 한 바위 높이 올라가 (그 위대한 존재가 있다고 믿었던) 육지를 바라보면서 소리쳤

다. "우리에게 오소서! 우리를 도우소서!" 그동안 그 위대한 존
재는 자신의 영을 통하여 바다 가운데로 임하셔서 깊은 물 속에
서 허우적거리며 빠져 죽는 모든 이들을 건지시려 노력하면서
그 바위 위에 앉은 사람에게 얼마나 애절하게 부르짖었던가! 이
미 부르다 지쳐 버린 목소리로 무리들에게 "내게로 오라! 이리
와서 나를 도우라!"라고 부르셨지만 허사였다.

그때 나는 모든 것을 이해할 수 있었다. 너무나 간단했다. 바다
는 삶의 바다, 즉 실제적으로 존재하는 인류의 바다였다. 번개
는 바로 여호와의 보좌에서 흘러 나오는 빛나는 진리였다. 또
하나님의 진노를 예표하는 메아리였다. 비명을 지르며 바다에
빠져 죽어 가는 많은 이들은 각 족속과 방언과 나라의 매춘부와
매춘부를 양성하는 자, 술주정뱅이와 술주정뱅이로 만드는 자,
도둑과 거짓을 말하는 자, 하나님을 욕되게 하는 자와 경건치
못한 자로 이루어진 무리였다.

자신의 생명을 버린 채 바다에 뛰어들어 생명을 구했던 그 몇
안 되는 용맹하고도 확고한 믿음에 서 있는 자들은 예수님의 진
정한 십자가 군병들이었다. 바다 가운데서 그들에게 지친 목소
리로 불렀던 그 전능하신 존재는 바로 지금도 영원한 멸망으로
부터 영혼들을 구원하시려고 땀 흘리며 기도하시는, "어제나 오
늘이나 내일이나 언제나 동일하신" 하나님의 아들이셨다. 영혼
을 구하는 하나님의 사역에 동참하라는 그분의 목소리는 음악소
리, 기계소리 등 삶에서 들리는 모든 소리 중에서도, 먼저 구원
받은 이들을 향해서 아직도 울리고 있는 소리이다.

그리스도 안에서 하나 된 형제여! 당신은 바다에서 건짐 받았고
지금 바위 위에 서 있다. 주님께서는 바다 한가운데서 도움을
청하시며 당신을 부르신다. 가겠는가? 자신을 바라보라. 삶의
바다는 당신이 서 있는 그곳에서도 죽어 가는 영혼으로 득실거

리지 않는가!

이 환상의 이야기를 떠나, 나는 성경과 십자가에 달려 돌아가신 그리스도와 심판의 날과 뒤에 따를 지옥과 천국만큼이나 현실적인 사실에 대하여 말하고자 한다. 보라! 겉모습에 속지 마라. 인간은 겉으로 보이는 모습과 전혀 다르다. 바위 위에 존재하지 않는 이들은 모두 바다 한가운데에 있다! 위대한 보좌의 자리에서 바라보라! 하나님의 아들 예수 그리스도는 지금도 성령을 통하여 바다에서 죽어 가는 이들을 구원하고 계신다. 그리고 바로 당신이 바다에 뛰어들어 그분 곁에서 거룩한 투쟁을 할 것을 명령하신다. 당신은 뛰어내릴 것인가? 그분의 발 아래 엎드려 주님이 쓰시는 대로 당신의 생명을 맡길 것인가?[41]

그리스도인이면서도 죽어 가는 영혼을 향한 열정 없이 미지근한 마음을 갖고 있는 것은 정말 괴로운 일이 아닐 수 없다. 수백만 명의 영혼들이 그들의 삶 가운데 만나게 된 그리스도인들이 "속에 있는 소망에 관한 이유를 묻는 자에게는 대답할 것을 항상 예비하되"(벧전 3:15)라는 말씀을 삶 속에 적용할 마음이 없음으로 해서 예수님의 이름을 듣지 못한 채 죽어 간다.

예수님은 심지어 지옥에서 영원한 형벌을 당하고 있는 자들이 대부분의 그리스도인들보다 복음에 대한 열정이 많다고 말씀하신다! 그에 대한 예로 예수님은 부자와 나사로에 대한 비유를 제시하셨다. 부자는 지옥불 가운데서 고통을 받아 멀리 떨어져 있는 아브라함에게 부르짖는다. "그러면 구하노니 아버지여 나사로를 내 아버지의 집에 보내소서 내 형제 다섯이 있으니 저희에게 증거하게 하여 저희로 이 고통 받는 곳에 오지 않게 하소서"(눅 16:27-28).

지옥에 있는 자들도 이토록 복음을 전하기 원한다면, 주님의 이름으로 부름받은 우리는 더욱 강한 헌신을 해야 하지 않겠는가?

하나님은 안전하고 안락한 믿음의 삶을 살고자 하는 그리스도인들을 결코 사용하지 않으신다. 당신의 유일한 목표가 천국 가는 것 자체에 있다면, 당신은 결코 많은 생명을 천국으로 인도할 수 없다. 많은 그리스도인들은 최근의 기독교 가르침, 각종 신학에 관한 책, 그리고 세미나, 음악, 기독교적인 유행을 좇는 영적 이기주의에 사로잡힌 듯하다. 잃어버린 인류의 영혼을 구하지 않고, 주어진 모든 시간을 자신의 품성을 높이는 것에만 투자하면 우리는 절망적인 상황에 이를 수밖에 없다. 이 땅을 향한 하나님의 비전을 따르지 않는 채 우리의 영혼만 살찌우면 우리의 영혼은 결국 그로 인하여 병을 앓고 영적 비만 상태에 이르게 될 것이다. 이 때문에 성경은 이렇게 말한다. "배부른 자는 꿀이라도 싫어하고 주린 자에게는 쓴 것이라도 다니라"(잠 27:7).

이스라엘에 위치한 사해(Dead Sea)는 자기중심적인 성도와 이기적인 교회에게 어떤 결과가 발생하는지를 잘 보여 주는 훌륭한 예이다. 사해는 염분의 밀도가 매우 높으며 그 속에 살아 있는 생물체가 드물기 때문에 그 이름이 매우 적절하다고 할 수 있다. 하지만 자세히 관찰해 보면 민물에 속하는 153개의 원천이 흘러서 사해에 이르는 것을 발견하게 된다. 요단강과 같은 유명한 강을 포함하여, 여러 강과 냇물과 개울들이 다양한 물고기와 기타 생물체들을 운반하여 사해로 흘러 들어간다.

하지만 그 민물이 사해에 이르면 고기는 죽고 물에서는 악취가 난다. 고기를 포함한 해저 생물은 어떠한 연유로 이렇게 죽게 될까? 그것은 사해에 배출구가 없다는, 간단하지만 치명적인 이유에 있다. 물을 받기만 하고 흘려보내지 않는다는 것이다. 따라서 물은 곧 침체되어 염분과 섞이고 생명은 죽음으로 바뀌며, 신선한 민물은 소금 침전물로 변하게 된다.

그리스도인들이여, 주의하라! 당신도 당신의 믿음을 위한 배출구를 마련해야 한다. 그렇지 못할 경우에 당신의 영적 생명이 침체되기 시작할 것이며 거기서 악취가 날 것이다. 목사들이여, 주의하라! 당신은 양들에게 어떠한 양식을 공급해 주었는지에 대해서만 아니라, 그들이 다른 영혼들을 향해 나아가도록 어떻게 이끌었는지에 대해 하나님 앞에서 심판받게 될 것이다. 당신의 교회에 새로운 영혼들이 주기적으로 탄생하는가? 만약에 그러하지 못하다면 당신과 당신의 교회는 침체되어 가고 있다. 목회자는 하나님 나라의 확장뿐 아니라 교회 성도들을 올바른 비전으로 집중시키고 성도들 가운데 생명력을 불어넣기 위하여 자신의 신앙을 위한 효과적인 배출구를 찾아야 한다.

그리스도인들은 영혼을 향한 전도를 삶의 일부분으로 여기고 행할 때 베푸는 삶을 살게 되고, 자신들이 베풀고 난 후 비워져 있는 곳을 채우기 위해 영적인 양식을 또 필요로 한다. 이렇게 해야 영적인 흐름이 만들어지고, 성도들의 생활을 혼잡하게 만드는 영적 병이 깨끗이 씻겨질 것이다. 사람들이 이웃의 필요에 그 중심을 맞추면 불평하거나 앉아서 소문을 퍼뜨리거나 서로를 비방할 시간이 없어질 것이다. 설교를 비판하는 대신 사람들은 하나님 말씀에 순종할 것이며 그들의 삶 자체가 세상 가운데 하나님의 말씀으로 비춰질 것이다. 성경은 지식을 담은 책으로 취급되지 않을 것이며 생명의 책으로 인정될 것이다.

기도에서도 같은 원칙이 적용된다. 기도 또한 외부에 초점이 맞춰져야 한다. 자신을 위해서만 기도하는 사람은 절대로 변화되지 않는 것이 영적 세계의 원칙이다. 하지만 다른 이들을 위해 중보하는 자는 하나님이 기도 가운데 그 마음을 변화시켜 주신다. 이기적인 사람이 자신에게 향하는 집착에서 벗어날 수 있는 가장 좋은 방법은 바로 남의 필요와 소원을 위해 기도하는 것이다.

중국 교회가 선교를 교회 활동의 일부로 가정하기 때문에 선교에 초점을 맞추는 것이 아니다. 복음은 하나님의 영광을 위한 것으로서 우리 존재의 이유이고 마땅히 드려야 할 찬양이다. 찬양은 단지 노래를 부르는 것이 아니라 그리스도인들이 예수님의 이름에 영광을 돌리는 어떤 행동을 할 때에 이루어지는 것이다.

인류로 하여금 천국에 이르게 하는 것이 하나님의 유일한 목적이었다면, 하나님은 예수님을 영접하는 순간 우리를 데리고 가셨을 것이다. 하지만 하나님은 우리를 이 땅에 남겨 두시고 온 인류에 대하여 우리의 말과 삶을 통해 예수 그리스도를 증거하게 하신다. 이것은 의무로 하는 것이 아니다. 예수님을 사랑하고 그분께 영광 돌리고 싶은 마음으로 증거해야 한다. 그렇게 할 때 우리가 하나님의 말씀을 사랑하는 만큼 우리의 영적 삶 또한 강건해질 것이다. 이때에 "주린 자에게는 쓴 것이라도 다니라"라는 말씀처럼, 그 어떠한 환난과 핍박도 주님을 향한 우리의 갈증을 소멸시키지 못할 것이다.

여러 면에서 하나님의 법칙은 우리가 생각하는 것과는 정반대이다. 우리는 끊임없이 자신의 성품을 갈고 닦으면 자신의 영혼이 언젠가는 만족하리라고 생각한다. 그러나 진정한 만족이란 사람들의 필요를 만족시킴으로써 하나님을 섬길 때 찾아오는 것이다. 바로 이것이 빌레몬을 향한 사도 바울의 말씀에 나타나 있다. "이로써 네 믿음의 교제가 우리 가운데 있는 선을 알게 하고 그리스도께 미치도록 역사하느니라"(몬 1:6).

교회가 신앙이 미지근하고 죄에 빠져 드는 성도를 문제 삼는 이유를 생각해 보았는가? 죄에 빠져 드는 것은 대부분의 경우 그 사람이 생활 가운데서 주님을 증거하지 않았기 때문에 일어난다. 어떤 목사들은 사람이 어떤 신학적인 진리를 의지적으로 지키지 못하는 까닭에 죄 속에 빠져 든다고 생각하지만, 문제는 신학에 있지 않다. 오직 불순종에 있을 뿐이다. 사람은 하나님의 말씀을 오랫동안 불순종하면 할수록 그 마음이 차가워진다. 복음은 행동하는 것이지 자기를 보존하는 것이 아니기 때문이다. 복음을 전하라는 하나님의 명령을 따를 생각 없이 교리의 순결함 자체만을 좇는 것은 율법주의에 이르게 할 수밖에 없다.

그리스도인들이여, 여러분이 참으로 구원받은 존재라면 주님을 위하여 부지런하기를 부끄럽게 여기지 말아라! 당신 주변에는 수많은 영혼들이 멸망의 길을 향하여 걷고 있다. 당신이 그들에게 복음을 전하지 않으면 그 누가 전할 것인가? "그런즉 저희가 믿지 아니하는 이를 어찌 부르리요 듣지도 못한 이를 어찌 믿으리요 전파하는 자가 없이 어찌 들으리요"(롬 10:14).

사탄이 당신에게 전도에 뜸을 들이게 하는 사람이나 "좀더 성숙할" 때까지 기다리라고 말하는 사람을 보낼 때 마음을 빼앗기지 마라. 하나님을 온전히 섬길 수 있을 때를 기다린다면 우리는 예수님의 재림 때까지 기다려야 할지도 모른다.

교회의 좋은 지도자는 주님과 많은 시간을 보내고, 하나님의 말씀의 지시를 받아 교회를 인도한다. 지도자란 바로 성도들에게 비전을 제시하여 하나님의 사역에 동참할 수 있도록 사람들을 부르는 자이다. 지도자는 사랑과 자비로 충만해야 하며, 동시에 "만일 나팔이 분명치 못한 소리를 내면 누가 전쟁을 예비하리요"(고전 14:8)라는 말씀에서 요구하는 바대로 강하고 담대해야 한다. 성경에서 모세, 다윗, 예레미야, 세례 요한, 베드로, 혹은 바울과 같은 인물들을 살펴볼 때에, 하나님께서 선택하신 지도자들은 언제나 나팔소리를 분명하게 울리는 사람들이었음을 알 수 있다. 그 지도자들 때문에 백성들은 그들의 인생에 간섭하시는 하나님의 손길을 경외하게 되었고 그들 앞에 놓인 비전에 기꺼이 순종할 수 있었다.

목사여, 당신의 가장 중요한 책임은 하나님이 당신에게 맡기신 양들에게 적절한 영적 방향을 지시하는 일과 리더십을 보여 주는 것이다. 우리는 목자가 양의 무리 앞에 서서, 그의 양들이 위험한 곳을 무사히 통과할 수 있도록 길을 인도해야 할 것을 믿는다. 자발적인 양들은 자연히 당신의 뒤를 따를 것이다.

하지만 너무나 많은 경우에 교회의 목자들은 무리의 앞에 서지 않고 무리의 뒤에 서서 가장 연약하고 긴장한 양들이 앞으로 조금씩 나아갈 수 있도록 돕기만 한다. 이러한 리더십으로는 아무것도 이룰 수 없다! 이렇게 되면 당신은 언제나 상담 모임에서 성도들의 문제만 해결하다 시간을 다 허비할 것이다! 사탄은 더 많은 문제를 고안해 낼 것이며, 사람

의 영혼을 놓고 전쟁을 벌이는 영적 전쟁터로 교회를 이끌어 가지 못하
도록 당신을 꽁꽁 묶어 놓을 것이다.

교파주의적인 자만심을 유도하는 것은 사탄이 우리를 속일 수 있는 가
장 손쉬운 방법이다. 우리는 우리의 교파와 교회가 다른 교회에 비해 잘
하고 있으리라 자만하는 오류를 자주 범한다. 때때로 우리는 배 위에 앉
아서 다른 배들이 주님의 진리로부터 점점 더 멀리 흘러가는 것을 지켜
본다. "저 사람들이 올바르지 않은 곳으로 흘러가게 되다니 정말 끔찍한
일이야"라고 이웃을 비방하는 동안, 우리의 배는 하나님의 진리로부터
얼마나 멀어지는지 보지 못한다.

많은 교회와 교파들은 그들이 알지 못하는 사이에 위험한 지대로 흘러
가게 되었다. 우리가 주님 안에 뿌리를 깊이 내리기 위해서는 남들을 우
리의 비교 대상으로 삼지 말고 주님만을 우리의 비교 대상으로 삼아야
한다. 이웃과 우리를 비교하게 될 때, 우리는 대부분 자기 자신에 대해
만족해한다. 하지만 예수님과 비교할 때, 우리는 자신이 얼마나 헐벗고
초라한 존재인지를 깨닫게 되고 주님 발 아래 엎드려 자비를 구하게 된
다. 하나님은 이렇게 우리가 우리의 존재 자체를 위해 매일의 삶 속에서
하나님께 의존하기를 원하신다. "만일 누가 아무것도 되지 못하고 된 줄
로 생각하면 스스로 속임이니라 각각 자기의 일을 살피라 그리하면 자랑
할 것이 자기에게만 있고 남에게는 있지 아니하리니"(갈 6:3-4).

온 세계 성도들은 요한계시록 3장 20절을 인용하여 사람들에게 구원
의 초청장을 보낸다. "볼지어다 내가 문밖에 서서 두드리노니 누구든지
내 음성을 듣고 문을 열면 내가 그에게로 들어가 그로 더불어 먹고 그는
나로 더불어 먹으리라." 하지만 이 구절을 더 자세히 살펴보면 주님께서
는 믿지 않는 자들의 문을 두드리시는 것이 아니라 라오디게아의 교회에
서 죄 속에 빠져 있는 사람들의 문을 두드린 것을 알 수 있다. 이처럼 교
회에서도 주님이 아직 환영받지 못한다면 이 얼마나 슬픈 일인가. 이렇
듯 많은 교회들은 "경건의 모양은 있으나 경건의 능력은 부인하는"(딤후

3:5) 생명 없는 종교성 가운데서 계속 운영된다.

깨어나라! 회개하라! 하나님이 당신의 삶과 교회 가운데 오시게 하라. 하나님은 모든 백성을 사랑하시며, 당신의 호흡이 남아 있기까지 자신의 영광을 위하여 당신을 사용하실 것이니 지금도 결코 늦지 않았다!

영적으로 둔한 교회나 성도는 부활하셔서 살아 계신 예수님을 결코 증거할 수 없다.

교회는 그리스도를 말로만 찬양하고 그분의 명령을 지키지 않는 위선적이고 쾌락적인 곳으로 변질되기 위하여 건축된 것이 아니라, 훈련센터로, 그리고 전쟁 때에 작전 본부로 쓰임 받기 위하여 건축된 것이다.

바로 지금이 교회가 깨어날 때이다!

지금까지 당신과 당신의 교회가 잠든 상태에 놓여 하나님의 일을 무시해 왔다면 어떻게 해야 할 것인가? 미지근한 교회를 향한 예수님의 말씀에서 그 해답을 확실하게 발견할 수 있다. "너는 일깨워 그 남은 바 죽게 된 것을 굳게 하라 내 하나님 앞에 네 행위의 온전한 것을 찾지 못하였노니 그러므로 네가 어떻게 받았으며 어떻게 들었는지 생각하고 지키어 회개하라 만일 일깨지 아니하면 내가 도적같이 이르리니 어느 시에 네게 임할는지 네가 알지 못하리라"(계 3:2-3).

제12장
낚시에서 얻는 교훈

시몬 베드로가 올라가서 그물을 육지에 끌어 올리니 가득히 찬 큰 고기가
일백쉰세 마리라 이같이 많으나 그물이 찢어지지 아니하였더라(요한복음 21:11).

하나님의 말씀은, 훈계받기를 갈망하는 마음과 성령님의 말씀을 듣고
자 하는 귀를 가진 자를 위한 격려와 교훈으로 가득 차 있다.

많은 이들은 하나님의 나라를 위하여 고기를 낚는 어부가 되라는 하나
님의 부르심을 듣는다. 제자들도 예수님께서 "우리가 저편으로 건너가
자" 하신 말씀을 듣고 예수님을 "배에 계신 그대로 모시고"(막 4:35-36)
배를 저어 갔다. 예수님께서는 곧 잠이 드셨고, 그때 거대한 광풍이 일
어났다.

당신이 사역을 시작할 때, 당신의 배에 올라타신 예수님이 주무시지
않도록 주의하라. 당신은 스스로의 힘으로 당신의 사역을 주도하고 이끌
려 하겠지만, 예수님이 주무시는 한 멀리 갈 수 없다. "물결이 부딪혀
배에 들어와 배에 가득하게 되었더라"(막 4:37). 이러한 상황이 다가올
때, 당신은 열두 제자처럼 예수님을 깨워 당신이 주관하는 모든 것에 대
한 주권을 그분께 넘겨드리고 그분을 주인으로 모셔라! 과거에 많은 교

회와 목사들은 그들의 사역에서 예수님을 그들의 삶 가운데 영접하였지만, 오늘날은 예수님이 주무시는 동안 자신의 힘과 계획으로 모든 것을 운영하려 한다.

이전에 예수님이 안드레와 베드로를 만났을 때, 주님은 이렇게 말씀하셨다. "나를 따라오너라 내가 너희로 사람을 낚는 어부가 되게 하리라"(막 1:17).

하나님은 모든 그리스도인들이 어부가 되기를 바라신다. 지금 세계는 절망과 파괴라는 혼란 가운데 놓여 있다. 국가들은 서로 전쟁을 일으키며, 온 인류는 매일같이 서로에게 말할 수 없는 잔혹한 일들을 행사한다. 우리가 마음으로 예수님을 단단히 붙들고 있다면 우리의 배경, 교육, 경제적 지위에 상관없이 우리는 어부로서의 사명을 부여받은 것이다. 어떤 사람들은 우리와 비교해 볼 때 훨씬 더 낚시에 재능이 많을 수도 있지만, 설사 그렇다 하여도 우리가 복음을 선포할 책임이 가벼워지거나 없어지는 것은 아니다. 우리는 자신과 이웃을 속일 수는 있어도 주님을 속일 수는 없다. 언젠가 모든 그리스도인들은 하나님이 그들에게 허락하신 달란트와 재능을 어떻게 사용하였는지 혹은 왜 사용하지 못하였는지에 대한 정확한 보고서를 제출해야 할지도 모른다.

지금이 바로 하나님이 행하시는 일에 조금의 주저함 없이 헌신할 때이다. 이렇게 헌신하는 자는 강하고 아름다운 방법으로 역사하시는 하나님의 임재와 축복을 경험하지 않을 수 없다.

어느 날 예수님께서는 게네사렛 호수에서 그물을 꺼내어 씻고 있는 어부 몇을 발견하셨다(눅 5:2). 매일같이 고기를 낚는 어부들에게는 때때로 그물 씻는 일이 중요하겠지만, 오늘의 많은 교회들은 그물을 씻을 줄만 안다. 하나님의 나라를 위하여 고기를 잡기보다 낚시에 대해서 잡담을 나누는 것, 고기를 잡는 기술과 방법을 연구하는 것, 전문 낚시꾼의 설교를 듣는 것, 그리고 낚시에 대한 노래를 부르는 것에 대부분의 시간을 소비한다. 정말 안타까운 것은 그들이 실제로는 단 한 번도 낚시를 해보지 않았다는 사실이다!

많은 목사들은 그들의 설교단을 낚시에 대한 이야기로 채우며, 성도들은 교회 앞에 전시된 화려한 그물을 감상하며 흠모한다. 그들의 그물은 티 한 점 없이 깨끗하다. 모든 노력을 총동원하여 교회 안의 먼지와 함께 모든 더러운 것들을 씻어 내었기 때문이다. 그물들은 퍽 희고 깨끗하여, 마치 고기를 낚는 일에 한 번도 사용된 적이 없는 것 같다! 그물의 줄들은 깨끗이 정리되어 모든 선과 선이 정확한 정사각형을 이룬다. 하나님은 역시 "질서의 하나님"이 아니겠는가! 목사들은 그물에 대하여 자랑하기 좋아하고 심지어 다른 교회의 성도들까지 초청하여 그 그물을 구경하게 한다.

몇 년에 한 번씩, '열정이 지나친' 젊은 신자들 몇이 찾아와 그물을 떼내어 고기를 잡는 데 사용할 것을 제의한다. 그때 성도들 가운데 이른바 '성숙한' 그리스도인들은 하나님께서 세계 가운데 친히 고기를 낚고 계심을 설명하면서 모든 것이 형통할 것이라 말한다. 그리고 그 성숙한 신자들은 오직 경건하고 평화로운 삶을 살 것을 권면하고 주제넘는 생각을 하지 말 것을 당부한다. 이 말을 들은 새신자들은 "주님과 함께 몇 년만 동행하면 다른 이들처럼 성숙해지리라"는 것을 믿게 되고, 아직 자신은 연약하고 부족하니 조용히 설교만 들으리라 다짐한다.

한 주에 이어 또 한 주, 그리고 해가 거듭될수록 사탄은 성도와 교회와 모든 교단을 그의 거짓들로 달래어 잠들게 한다. 그물의 모든 흙과 먼지를 제거했던 화학약품들로 똑같이 그리스도인들을 소독하며 다시는 어부가 되지 못하도록 하는 것이다.

예수님은 해안가로부터 멀리 떨어지지 않은 곳에서 사람들을 가르치신 후에 베드로에게 이렇게 말씀하셨다. "깊은 데로 가서 그물을 내려 고기를 잡으라." 그러나 베드로는 다시 나아가기를 꺼려했다. 그의 모든 수고에도 불구하고 간밤에 단 한 마리의 고기도 잡지 못했던 것이 그를 지

치게 하였을 것이다. 베드로가 말한다. "선생이여 우리들이 밤이 맞도록 수고를 하였으되 얻은 것이 없지마는 말씀에 의지하여 내가 그물을 내리 리이다"(눅 5:4-5).

그리스도인 독자여, 당신의 심정도 이때의 베드로와 같은가? 더 이상 바다에는 물고기가 없을 것이라 생각하는가? 더 이상 그물을 내릴 힘조 차 없기에 차라리 그물을 씻고만 싶을 정도로 당신의 교회와 모든 프로 그램들이 오랜 세월 동안 단 한 마리의 고기를 낚지 못했는가? 많은 교 회들은 여러 형태로 복음화를 시도하였음에도 불구하고 성공하지 못한 탓에 전도를 완전히 포기한 상태에 이르기도 하였다.

바다에 더 이상 물고기가 없으리라는 착각에 빠지지 마라! 우리는 "아 무도 더 이상 복음에 관심을 갖지 않는다"라는 고백을 듣기도 한다. 그 러나 그것은 사탄이 조장한 거짓말이다! 바다 속에는 물고기들이 풍성히 살고 있다. 따라서 물고기의 수는 절대로 문제가 되지 않는다. 문제는 바로 우리와 우리의 어눌한 낚시 기술에 있다. 아마 아직까지 단 한 번 도 그물을 물 속에 넣지 않은 사람도 있을 것이다!

베드로와 그의 동역자들이 스스로의 힘에 의지했을 때에는 아무것도 잡지 못했으며, 이에 그들은 물고기가 없으리라 단정했다. 하지만 그들 이 자신을 더 이상 의지하지 않고 하나님이 자신들의 노력을 지도해 주 시기를 부탁했을 때, 고기를 에운 것이 심히 많아 그물이 찢어지기까지 하였다(눅 5:6).

이 점을 꼭 이해하기 바란다! 우리의 계획과 힘으로 하나님을 증거하 고 복음을 전하려 할 때 우리는 실패할 것이며, 우리 자신에게 문제가 있다는 것을 인정하지 않고 '복음에 대하여 무심한 이교도들'에게 그 탓 을 돌리려 할 것이다. 하지만 우리가 하나님을 향한 아낌없는 헌신의 의 미를 깨닫고 우리를 하나님의 권능으로 채워 달라고 기도하게 될 때에 하나님께서는 우리를 사용하실 것이다. 하나님이 '나의 목회'에 축복을 더해 주시기를 바라는 기도는 시간 낭비일 뿐이다. 하나님은 하나님의 방법으로 이루어지고 하나님의 주권으로 인도되는 하나님만의 목회를 축복하신다. 우리가 자신들의 모든 쓸모없는 프로그램들을 포기하고 좌절하게 될 때 주님은 우리에게 더 좋은 길, 즉 예수님의 길을 보여 주실 것이다. 그분께서는 우리에게 그물 던질 곳을 가르쳐 주실 것이며, 우리는 넘쳐나는 물고기 수에 놀랄 것이다.

예수님에 대한 지식이 있는 사람을 살아 있는 사람으로, 없는 사람을 죽은 사람으로 간주하는 성경의 진리를 우리는 기억해야 한다. 우리는 사람을 선악의 기준으로 나누는 경향이 있지만, 하나님께서는 삶과 죽음의 기준으로 사람들을 분류하신다.

세상적인 복음화 프로그램들이 주위의 죽은 영혼들의 관심을 사지 못하는 것은 놀랄 일이 아니다. 오직 예수님이 영혼의 깊은 내면에 말씀하실 때에야 비로소 그 영혼들이 영원한 생명을 누릴 수 있게 되기 때문이다.

베드로가 밤새도록 그물을 던졌을 때에 물고기들은 어디에 숨어 있었는가? 그들은 바로 베드로와 그의 동역자들의 시선이 닿지 않는, 깊고 어두운 물속에 있었다. 그들은 그물을 쉽게 피할 수 있었던 것이다. 하지만 창조주 되신 예수님은 물고기들이 각각 어느 위치에 있는지를 정확히 파악하고 계셨다. 그것은 그분이 모든 물고기들의 창조주이시기 때문이다. 물고기들이 그 주인의 음성을 들었을 때에 얼마나 기쁘고 흥분되었을까? 천지의 주님이신 그리스도를 보기 위해서 수면으로 더 가까이 나아왔으리라! 중국에서 우리는 죄악으로 인하여 마음이 매우 강퍅해진 죄인 중의 괴수인 한 사람이, 예수님을 바라보는 순간 무릎을 꿇고 회개하는 것을 목격했다. 또한 수많은 살인자, 강간범, 매춘부들이 예수님의 음성을 듣고자 하나님의 그물에 걸린 것을 보았다.

목사들이여, 교회의 사명은 낚시하는 것과 같기에 당신의 교회 역시 부지런히 그물을 던져야 할 것이다. 예수님은 당신의 백성들이 안에 갇혀 그냥 자리를 깔고 앉은 채 서로를 세우는 일로 시간을 보내기를 원치 않으신다. 또한 교회의 지도자가 교회 내의 문제를 해결하는 일에만 모든 시간을 보내기를 원치 않으신다. 물론 예수님이 재림하실 때까지 많은 문제들이 있겠지만, 그렇다고 주저앉아 있어서는 안 된다. 오히려 당신은 그 문제들을 기회 삼아 그물을 수선하여 더욱 강한 그물로 잃어버린 영혼들을 건져야 한다.

마귀는 어찌하든지 당신의 낚시를 방해하기 위해 온갖 문제들을 일으켜 마음을 흩어 놓을 것이다. 따라서 당신은 영혼을 얻기 위하여 견고하고 흔들리지 않는 집중력을 소유해야 한다. 당신의 교회는 고기잡이를 포기하였는가? 바다에 더 이상 고기가 없으리라 낙담하며 그물을 씻고 있는가? 성경에는 당신을 위한 감격적인 소식이 있다! 바로 하나님께서 당신의 사역을 강화해 주시기를 원하시며 더 나아가 당신을 모든 이들이 따를 수 있는 본으로 삼으시길 원하신다는 것이다. 베드로의 그물이 많은 물고기로 인하여 찢어지기 시작했을 때, 다른 배에 있는 동무를 손짓하여 와서 도와 달라 하니 저희가 와서 두 배에 채우매 잠기게 되었다(눅 5:7).

이때에 비로소 베드로는 자신의 온전한 죄성과 육체의 연약함을 깨달았다. 그는 "예수의 무릎 아래 엎드려 가로되 주여 나를 떠나소서 나는 죄인이로소이다"(눅 5:8)라고 고백했다.

예수님은 베드로의 고백에 반문하지 않으셨다. 우리 모든 사람들은 베드로처럼 우리의 죄성을 깨달아야 하며, "대저 우리는 다 부정한 자 같아서 우리의 의는 다 더러운 옷 같으며 우리는 다 쇠패함이 잎사귀 같으므로 우리의 죄악이 바람같이 우리를 몰아가나이다"(사 64:6)라고 고백할 수 있어야 한다.

대신 예수님은 베드로에게 이와 같이 말씀하셨다. "무서워 말라 이제 후로는 네가 사람을 취하리라"(눅 5:10). 그리하여 제자들은 배들을 육지에 대고 모든 것을 버려두고 예수를 좇았다(눅 5:11).

예수님이 당신을 다스리셔서 사람의 영혼을 낚는 어부 되게 하시는 일에 당신 자신을 기꺼이 드리겠는가?

제13장

백투예루살렘 비전 대상국

아래의 표에 나타난 51개 국가는 기독교 인구가 5퍼센트 미만인, 10/40 창 안에 위치해 있는 나라들이다. 브루나이, 바레인, 쿠웨이트와 같은 경우에 기독교 인구는 5퍼센트를 넘지만 특별한 환경 때문에 이 국가들도 포함시킬 수 있다. 바레인과 쿠웨이트의 대다수 그리스도인은 외국 이주민들이다. 브루나이의 경우 주류인 말레이인 가운데는 그리스도인이 단 한 사람도 없고 중국인들만이 그리스도인이라고 알려져 있다.

물론 이 표에 나타난 국가만을 백투예루살렘 운동의 전도 대상국으로 한정하는 것은 아니다. 중국 선교사들은 이 표에 포함되지 않은 국가라 할지라도 주님이 인도하신다면 언제든지 갈 것이다. 예를 들어, 어떤 사람들은 60개나 되는 민족들이 이슬람교를 믿으며 살고 있는 러시아의 코카서스공화국으로 부름을 받았다. 또 말레이시아나 인도네시아처럼 그 나라에 있는 중국인들의 교회는 매우 활발하지만, 그 외의 수천만의 사람들 사이에서는 기독교가 매우 미약한 곳으로 부름받은 사람들도 있다.[42]

북아시아

일본	
인구	127,000,000명
수 도	도쿄
종족 수	34
주요 종교	불교/신도(일본 고유의 민속종교) 70%
그리스도인	1.5%

몽골	
인구	2,800,000명
수 도	울란바토르
종족 수	20
주요 종교	불교/샤머니즘 54%
그리스도인	0.7%

북한	
인구	25,500,000명
수 도	평양
종족 수	6
주요 종교	무신론자 64%
그리스도인	1.6%

동남아시아

브루나이	
인구	358,000명
수 도	반다르세리베가완
종족 수	29
주요 종교	이슬람교 65%
그리스도인	11% (대부분 중국인임)

<table>
<tr><th colspan="2" align="center">캄보디아</th></tr>
<tr><td>인구</td><td>11,900,000명</td></tr>
<tr><td>수도</td><td>프놈펜</td></tr>
<tr><td>종족 수</td><td>46</td></tr>
<tr><td>주요 종교</td><td>불교 83%</td></tr>
<tr><td>그리스도인</td><td>1.2%</td></tr>
</table>

<table>
<tr><th colspan="2" align="center">라오스</th></tr>
<tr><td>인구</td><td>6,400,000명</td></tr>
<tr><td>수도</td><td>비엔티안</td></tr>
<tr><td>종족 수</td><td>145</td></tr>
<tr><td>주요 종교</td><td>불교 61%</td></tr>
<tr><td>그리스도인</td><td>1.8%</td></tr>
</table>

<table>
<tr><th colspan="2" align="center">미얀마(버마)</th></tr>
<tr><td>인구</td><td>48,000,000명</td></tr>
<tr><td>수도</td><td>양곤(랑군)</td></tr>
<tr><td>종족 수</td><td>135</td></tr>
<tr><td>주요 종교</td><td>불교 83%</td></tr>
<tr><td>그리스도인</td><td>8%(주로 소수 민족만 해당)</td></tr>
</table>

<table>
<tr><th colspan="2" align="center">베트남</th></tr>
<tr><td>인구</td><td>84,000,000명</td></tr>
<tr><td>수도</td><td>하노이</td></tr>
<tr><td>종족 수</td><td>139</td></tr>
<tr><td>주요 종교</td><td>불교 54%</td></tr>
<tr><td>그리스도인</td><td>8% (주로 가톨릭)</td></tr>
</table>

태국	
인구	63,000,000명
수도	방콕
종족 수	101
주요 종교	불교 93%
그리스도인	1.6%

남아시아

방글라데시	
인구	138,000,000명
수도	다카
종족 수	61
주요 종교	이슬람교 86%
그리스도인	0.7%

부탄	
인구	2,200,000명
수도	팀푸
종족 수	20
주요 종교	불교 72%
그리스도인	0.4%

인도	
인구	1,048,000,000명
수도	뉴델리
종족 수	2,329
주요 종교	힌두교 80%
그리스도인	4%

몰디브	
인구	321,000명
수 도	말레
종족 수	8
주요 종교	이슬람교 99.5%
그리스도인	0.1%

네팔	
인구	25,900,000명
수 도	카투만두
종족 수	130
주요 종교	힌두교 75%
그리스도인	1.9%

중앙아시아

아프가니스탄	
인구	27,900,000명
수 도	카불
종족 수	91
주요 종교	이슬람교 98%
그리스도인	0.02%

아제르바이잔	
인구	7,800,000명
수 도	바쿠
종족 수	39
주요 종교	이슬람교 84%
그리스도인	4.6%

카자흐스탄	
인구	16,700,000명
수도	아스타나
종족 수	54
주요 종교	이슬람교 61%
그리스도인	24%(주로 러시아인들)

키르기즈스탄	
인구	4,800,000명
수도	비슈케크
종족 수	45
주요 종교	이슬람교 78%
그리스도인	7%(주로 러시아인들)

파키스탄	
인구	158,000,000명
수도	이슬라마바드
종족 수	488
주요 종교	이슬람교 96%
그리스도인	2.3%

타지키스탄	
인구	6,700,000명
수도	두샨베
종족 수	46
주요 종교	이슬람교 90%
그리스도인	1.4%

투르크메니스탄	
인구	4,700,000명
수도	아슈하바트
종족 수	42
주요 종교	이슬람교 92%
그리스도인	2.6%(주로 러시아인들)

우즈베키스탄	
인구	25,600,000명
수도	타쉬켄트
종족 수	66
주요 종교	이슬람교 84%
그리스도인	1.2%(주로 러시아인들)

중동

바레인	
인구	758,000명
수도	마나마
종족 수	15
주요 종교	이슬람교 82%
그리스도인	개신교 10%(주로 외국 이주민들)

이란	
인구	70,600,000명
수도	테헤란
종족 수	109
주요 종교	이슬람교 99%
그리스도인	0.3%

이라크	
인구	24,100,000명
수도	바그다드
종족 수	42
주요 종교	이슬람교 97%
그리스도인	1.5%

이스라엘	
인구	6,000,000명
수도	예루살렘
종족 수	57
주요 종교	유대교 81%
그리스도인	2%

요르단	
인구	7,700,000명
수도	암만
종족 수	22
주요 종교	이슬람교 96%
그리스도인	2.7%

쿠웨이트	
인구	2,100,000명
수도	쿠웨이트 시
종족 수	34
주요 종교	이슬람교 87%
그리스도인	8%(주로 외국인)

오만	
인구	2,700,000명
수도	무스카트
종족 수	39
주요 종교	이슬람교 93%
그리스도인	2.5%(주로 러시아인들)

팔레스타인	
인구	3,900,000명
수도	가자(예루살렘이라 주장함)
종족 수	21
주요 종교	이슬람교 87%
그리스도인	1.9%

카타르	
인구	752,000명
수도	도하
종족 수	25
주요 종교	이슬람교 80%
그리스도인	10%(주로 외국인들)

사우디아라비아	
인구	23,600,000명
수도	리야드
종족 수	45
주요 종교	이슬람교 93%
그리스도인	4%(주로 외국인들)

<table>
<tr><td colspan="2" align="center">**시리아**</td></tr>
<tr><td>인구</td><td>17,200,000명</td></tr>
<tr><td>수도</td><td>다마스커스</td></tr>
<tr><td>종족 수</td><td>36</td></tr>
<tr><td>주요 종교</td><td>이슬람교 91%</td></tr>
<tr><td>그리스도인</td><td>5%</td></tr>
</table>

<table>
<tr><td colspan="2" align="center">**터키**</td></tr>
<tr><td>인구</td><td>69,000,000명</td></tr>
<tr><td>수도</td><td>앙카라</td></tr>
<tr><td>종족 수</td><td>66</td></tr>
<tr><td>주요 종교</td><td>이슬람교 99.6%</td></tr>
<tr><td>그리스도인</td><td>0.3%</td></tr>
</table>

<table>
<tr><td colspan="2" align="center">**아랍에미리트**</td></tr>
<tr><td>인구</td><td>2,600,000명</td></tr>
<tr><td>수도</td><td>아부다비</td></tr>
<tr><td>종족 수</td><td>54</td></tr>
<tr><td>주요 종교</td><td>이슬람교 66%</td></tr>
<tr><td>그리스도인</td><td>9%(주로 외국인들)</td></tr>
</table>

<table>
<tr><td colspan="2" align="center">**예멘**</td></tr>
<tr><td>인구</td><td>18,800,000명</td></tr>
<tr><td>수도</td><td>사나</td></tr>
<tr><td>종족 수</td><td>30</td></tr>
<tr><td>주요 종교</td><td>이슬람교 99.94%</td></tr>
<tr><td>그리스도인</td><td>0.05%</td></tr>
</table>

북아프리카

알제리	
인구	32,300,000명
수도	알제
종족 수	51
주요 종교	이슬람교 97%
그리스도인	0.3%

코모로	
인구	662,000명
수도	모로니
종족 수	11
주요 종교	이슬람교 98%
그리스도인	0.8%

지부티	
인구	669,000명
수도	지부티 시
종족 수	9
주요 종교	이슬람교 94%
그리스도인	4.6%

이집트	
인구	73,800,000명
수도	카이로
종족 수	40
주요 종교	이슬람교 87%
그리스도인	12%

감비아	
인구	1,400,000명
수도	반줄
종족 수	36
주요 종교	이슬람교 89%
그리스도인	4%

기 니	
인구	7,800,000명
수도	코나크리
종족 수	52
주요 종교	이슬람교 86%
그리스도인	4%

리비아	
인구	6,100,000명
수도	트리폴리
종족 수	42
주요 종교	이슬람교 97%
그리스도인	3%

말 리	
인구	12,300,000명
수도	바마코
종족 수	52
주요 종교	이슬람교 87%
그리스도인	1.9%

모리타니	
인구	2,800,000명
수도	누악쇼트
종족 수	26
주요 종교	이슬람교 99.8%
그리스도인	0.2%

모로코	
인구	31,000,000명
수도	라바트
종족 수	33
주요 종교	이슬람교 99.85%
그리스도인	0.1%

니제르	
인구	10,700,000명
수도	니아메이
종족 수	41
주요 종교	이슬람교 98%
그리스도인	0.4%

세네갈	
인구	10,600,000명
수도	다카르
종족 수	58
주요 종교	이슬람교 92%
그리스도인	4%

<table>
<tr><td colspan="2" align="center">**소말리아**</td></tr>
<tr><td>인구</td><td>11,900,000명</td></tr>
<tr><td>수도</td><td>모가디슈</td></tr>
<tr><td>종족 수</td><td>17</td></tr>
<tr><td>주요 종교</td><td>이슬람교 99.95%</td></tr>
<tr><td>그리스도인</td><td>0.05%</td></tr>
</table>

<table>
<tr><td colspan="2" align="center">**튀지니**</td></tr>
<tr><td>인구</td><td>9,900,000명</td></tr>
<tr><td>수도</td><td>튀니스</td></tr>
<tr><td>종족 수</td><td>27</td></tr>
<tr><td>주요 종교</td><td>이슬람교 99.7%</td></tr>
<tr><td>그리스도인</td><td>0.2%</td></tr>
</table>

<table>
<tr><td colspan="2" align="center">**서사하라**</td></tr>
<tr><td>인구</td><td>247,000명</td></tr>
<tr><td>수도</td><td>엘아이운</td></tr>
<tr><td>종족 수</td><td>11</td></tr>
<tr><td>주요 종교</td><td>이슬람교 100%</td></tr>
<tr><td>그리스도인</td><td>0%</td></tr>
</table>

● 백투예루살렘 비전 대상국에 관한 요약

지역	국가	인구	종족수	주요 종교
북아시아	3	155,300,000	60	불교 2 무교 1
동남아시아	6	213,658,000	595	불교 5 이슬람교 1
남아시아	5	1,214,721,000	2,548	힌두교 2 이슬람교 2 불교 1
중앙아시아	8	252,200,000	871	이슬람교 8
중동	14	249,810,000	595	이슬람교 13 유대교 1
북아프리카	15	212,178,000	506	이슬람교 15
총계	51	2,297,867,000	5,175	이슬람교 39 불교 8 힌두교 2 유대교 1 무교 1

주 (註)

1) Brother Yun & Paul Hattaway, *The Heavenly Man*, (《하늘에 속한 사람》 홍성사 역간), pp. 311-312.

2) 이 부분에 관해 제일 좋은 책은 C. H. Kang & Ethel Nelson, *The Discovery of Genesis* (St. Louis : Condordia Publishing House, 1979).

3) James Legge, *The Notions of the Chinese Concerning God and Spirits* (Hong Kong Register Office, 1852), pp. 24-28.

4) www.CL2000.com, "Christian Designs Found in Tomb Stones of Eastern Han Dynasty", 2 August 2002.

5) Milton T. Stauffer, *The Christian Occupation of China* (Shanghai : Christian Consultation Committee, 1922), p. 161.

6) Daniel W. Fisher, *Calvin Wilson Mateer : A Biography* (Philadelphia : The Westminster Press, 1911), p. 319.

7) Theodore Mueller, *Great Missionaries to China* (Grand Rapids : Zondervan, 1947), p. 111.

8) George Sweeting, *More than 2000 Great Quotes and Illustrations* (Texas : Word Publishing, 1985), p. 184.

9) F. Howard Taylor, in Andrew Gih, J. Edwin Orr가 편집한 *Launch Out into the Deep* (London : Marshal, Morgan & Scott, 1938), p. 11.

10) Hannah Davies, *Among Hills and Valleys in Western China* (London : S. W. Patridge & Co., 1901), p. 270.

11) Archie R. Crouch, Steven Agoratus, Arthur Emerson and Debra E. Soled(편집자들), *Christianity in China : A Scholar's Guide to Resources in the Libraries and Archives of the United States* (New York : M. E. Sharpe, 1989), p. xxxi.

12) *North China Herald*, 1 June 1888, p. 513.

13) Brother Yun & Paul Hattaway, *The Heavenly Man*, pp. 20-21.

14) David H. Adeney, China : *The Church's Long March* (Ventura, Calif.: Regal Books,

1985), p. 206

15) 어떤 중국 전문가들은 너무 높은 수치는 근거 없는 추측이라고 여기고 중국의 최저치 그리스
도인 숫자만을 받아들인다. 하나님이 허락하시면 나는 '불과 피'(Fire and Blood)라는 제목으로
중국 교회를 성(城) 단위로 조사하여 각 성 안의 모든 군과 도시에 있는 교회의 크기에 관한 자
세한 자료를 시리즈로 출판하고자 한다. 내가 밝힌 수치는 중국의 각처에서 사역하는 지하교
회 지도자들과 개인적으로 수백 시간의 면담을 거친 것을 포함하여 여러 가지 자료에 근거해
있다. 나는 가장 낮은 예상치(2천만에서 3천5백만의 중국 그리스도인)을 옳다고 여기고 조사를 시
작하였으나 지하교회에 부흥이 일어나고 있다는 분명하고도 놀라운 수치상의 증거를 제시받은
후, 중국에는 8천만에서 일억 명의 신자들이 있다고 완전히 확신하게 되었다.

16) 위의 책, pp. 146-165.

17) Turtullian, *Apology*, chapter 50, C. AD 200.

18) *The Chinese Back-To-Jerusalem Evangelistic Band:A Prayer Call to Christian
Friendship of the Chinese Church*, 1947년에 출간된 거의 알려지지 않은 소책자.

19) *Back to Jerusalem*, 저자나 출판사·출간 일자도 없는 기도 소책자(아마도 1947년에 출간된
것으로 여겨짐). pp. 3-4.

20) Alice Hayes Taylor, "Back to Jerusalem Evangelistic Band" (unpublished paper, 1948),
p. 2.

21) J. Oswald Sanders, *Seen and Heard in China*, 1948, pp. 38-39.

22) *The Chinese Back-To-Jerusalem Evangelistic Band*, p. 5.

23) J. Oswald Sanders, *Seen and Heard in China*, pp. 39-40.

24) *Back to Jerusalem*, p. 6.

25) *The Chinese Back-To-Jerusalem Evangelistic Band*, p. 14.

26) *Back to Jerusalem*, p. 10.

27) *The Chinese Back-To-Jerusalem Evangelistic Band*, p. 5.

28) 위의 책, p. 8.

29) 위의 책, p. 9.

30) 위의 책, pp. 9-10.

31) *Back to Jerusalem*, p. 1.

32) 위의 책, p. 14.

33) J. Oswald Sanders, *Seen and Heard in China*, p. 39.

34) Alice Taylor, "Back to Jerusalem Evangelistic Band," p. 3.

35) 위의 책, p. 4.

36) 위의 책, p. 5.

37) 1949년 3월 필리스 톰슨(Miss Phyllis Thompson)의 기도편지. 토니 램버트(Tony Lambert)의

"Back to Jerusalem : Origins of a Missionary Vision (Part II)," *China Insight*, March–April 2003에서 인용.

38) Tony Lambert, "Back to Jerusalem : Uncle Simon," *China Insight*, May–June 2003.

39) Brother Yun & Paul Hattaway, *The Heavenly Man*, p. 240.

40) 고든 힉슨(Gordon Hickson)은 이 부분에 관해 세밀하게 탐구하면서 현재 *The Heavenly Virus : Contagious Christian Leadership* 을 집필하고 있다.

41) 부스의 환상은 그의 생애에 관한 몇 권의 자서전을 포함하여 이미 여러 책이나 소책자로 출간 되었다. Harold Begbie, *Life of William Booth : The Founder of the Salvation Army* (London: Macmillan, 1920, 2 volumes)를 참조하라.

42) 각 국가별 인구(2003년)와 민족의 수는 여호수아 프로젝트(Joshua Project II)에서 발표한 최근 통계에서 가져온 것이다. 각 종교에 가입한 수와 그리스도인 수치는 Patrick Johnstone & Jason Mandryk with Robyn Johnstone, *Operation World : 21th Century Edition* (Carlisle : Paternoster, 2001), ((세계기도정보), 죠이선교회출판부 역간)에서 가져온 것이다.

백투예루살렘 운동에 관한 기도 요청을 비롯하여 최근 소식 또는 동참할 수 있는 방법 등의 정보를 계속해서 원하신다면 백투예루살렘(BTJ) 웹 사이트(www.backtojerusalem.com)으로 오시면 됩니다.

아니면 다음 주소로 편지를 보내 주십시오.

Back to Jerusalem
P.O. Box 23132
91230 Jerusalem
ISRAEL

옮긴이 **류응렬**

한국외국어대학교에서 영어를, 같은 대학 대학원에서 영문학을
전공하고 총신대학교 신학대학원과 미국 고든콘웰 신학대학원
에서 각각 목회학과 구약학을 공부하였으며, 서든 뱁티스트 신
학대학원에서 설교학을 전공하여 박사학위(Ph. D.)를 취득했다.
대학 때부터 영어 통역관으로 일하며 외대통역협회 회장을 지
냈고, 젊은 시절을 중국에서 단기선교사로 보냈다. 현재는 총신
대학교 신학대학원 설교학 교수로 후배들을 섬기고 있다. 역서
로는 《성경적인 설교와 설교자》(공역, 두란노)가 있다.

백투예루살렘

지은이 **원 형제 · 폴 해터웨이 외** 옮긴이 **류응렬**

BACK TO JERUSALEM by Paul Hattaway
Copyright © 2003 by Paul Hattaway
Korean edition © 2005 by Hong Sung Sa, Ltd.
with permission of Piquant Publishers, Inc.
All rights reserved.

이 책의 한국어판 저작권은 Piquant Publishers, Inc.와의
독점계약으로 (주)홍성사에 있습니다. 저작권법에 의해 한국 내에서
보호를 받는 저작물이므로 무단 전재와 복제를 금합니다.

2005. 3. 18. 초판 발행
2012. 3. 20. 9쇄 발행

펴낸이 정애주
출판제작국
　　편집팀 송승호 이현주 한미영 황교진 김기민 김준표 오은숙
　　디자인팀 김진성 송하현 최혜영
　　제작팀 윤태웅 유진실 임승철
사업총괄본부
　　마케팅팀 오민택 차길환 국효숙 박상신 송민영
　　경영지원팀 마명진 윤진숙

펴낸곳 주식회사 홍성사
1977. 8. 1. 등록 / 제 1-499호
121-897 서울시 마포구 합정동 369-43
TEL. 02)333-5161 FAX. 02)333-5165
http://www.hsbooks.com
E-mail : hsbooks@hsbooks.com

© 홍성사, 2005

ISBN 978-89-365-0222-5
값 8,500원 ※잘못된 책은 바꿔 드립니다.
Printed in Korea